Erinnerungen

Siegfried Wagner

Erinnerungen

Herausgegeben und mit einem Nachwort versehen
von Bernd Zegowitz

PETER LANG
Frankfurt am Main · Berlin · Bern · Bruxelles · New York · Oxford · Wien

Bibliografische Information Der Deutschen Bibliothek
Die Deutsche Bibliothek verzeichnet diese Publikation in der Deutschen Nationalbibliografie; detaillierte bibliografische Daten sind im Internet über <http://dnb.ddb.de> abrufbar.

ISBN 3-631-53848-0

www.peterlang.de

Inhaltsverzeichnis

Erinnerungen

Wohl dem, der eine glückliche Jugend hatte. Kein Frost, kein Sturm des späteren Lebens kann die Wärme verscheuchen, welche die Sonnenstrahlen einer frohen Kindheit in die menschliche Seele gesenkt haben. Solch eine Jugend ward mir und meinen Schwestern zuteil, und dafür wissen wir unsern Eltern ewigen Dank. Zu heiteren, wahren Menschen uns zu erziehen, war ihr Grundsatz. Mürrische Gesichter durften sich nicht sehen lassen. Wenn meine Schwestern mit schriftlichen Arbeiten sich zu plagen hatten, draußen aber die Sonne herauslockte, wurde ich schnell zu den Eltern geschickt: „Papa," rief ich, „ich bin ganz allein, habe niemanden zum Spielen! Können die Schwestern nicht in den Garten kommen?" Gleich darauf tobten wir zu fünfen im Garten. Meiner Mutter, die ganz nach den Gesetzen des ancien régime erzogen war, wurden manchmal auf diese Weise die Erziehungsprinzipien von meinem Vater durchkreuzt; doch ihre geniale Natur fand sich schließlich auch in diese Erschütterungen ihrer Pläne. Selbst nachmittägliche Gänge zum Konditor – der höchste Genuß waren uns solche in Venedig zu dem berühmten Lavena – selbst diese ließ sie geschehen, wenn sie merkte, daß es meinem Vater Freude machte, uns mit Leckereien zu traktieren. Mit Lernen wurden wir auf diese Weise nicht übermäßig geplagt. Unser schöner Wahnfriedgarten war unsere eigentliche Schule, unsere Kameraden Hunde, Hühner, Kanarienvögel, wohl auch Salamander und Frösche, die sich in den Kleiderschränken versteckt wohl fühlen sollten, wenn sie auch in ihrem feuchten Elemente sich sicherlich glücklicher gefühlt hätten. An das erste bedeutende Ereignis meiner Jugend, die Grundsteinlegung des Festspielhauses im Jahre 1872, habe ich nur noch eine schwache Erinnerung. Meine Familie erzählte mir, daß ich mich ausgezeichnet sittsam benommen hätte. Als man mich fragte, was ich von der Festrede verstanden hätte, antwortete ich: „Deutsche Männer, gute Männer." Sehr früh lernten wir Sprachen. Englische Gouvernanten sorgten für Kenntnis ihres Idioms, meine Mutter hatte Mühe, uns mit dem Französischen zu befreunden, denn das Künstliche dieser Sprache hat eher etwas für Kinder Abstoßendes. Am leichtesten fiel uns Italienisch, das uns bei den wiederholten Fahrten nach Italien am lebendigsten ins Gehör fiel. Mit meinen Hauslehrern hatte ich nicht viel Glück. Eine Ausnahme bildete natürlich Heinrich v. Stein, der später auch über die Grenzen Deutschlands hinaus bekannt gewordene, leider viel zu früh verstorbene Freund unseres Hauses. Durch Malvida v. Meysenbug meinen Eltern empfohlen, kam er nach Beendigung seiner Universitätsstudien in unser Haus und folgte uns nach Neapel, um dort in der Villa d'Angri meine Erziehung zu übernehmen. Mein Vater wünschte, daß ich möglichst bald mit dem Griechischen vertraut würde; bevor ich mich also mit dem nüchternen Latein zu beschäftigen hatte, wurde ich mit der herrlichen Sprache Homers bekannt und im Laufe der Jahre so vertraut, daß sie mir wie eine lebende lieb wurde. Mit der Sprache kam auch die Begeisterung für die Kunst und Dichtung Griechenlands, eine Begeisterung, die bis jetzt im gleichen Maße anhält. Hellas blieb für mich das verlorene Paradies. Es selbst zu schauen, scheute ich mich, denn ich fürchtete, daß das heutige Griechenland das ideale Bild, wie es in meiner Phantasie lebendig war, zerstören könnte. Leider konnte Heinrich v. Stein nicht lange bei uns weilen. Seine Habilitation an der Berliner Universität zwang ihn, Wahnfried zu verlassen, das er später nur noch während der Ferien aufsuchen konnte.

Von entscheidendem Einflusse auf meine ganze Entwicklung waren unsere wiederholten Reisen nach Italien. Des ewig grauen Himmels in Deutschland satt – ich erinnere mich, wie mein Vater die geballten Fäuste gegen die Wolken erhob und ausrief: „Diese verdammten Kartoffelsäcke!" –, zog er mit Kind und Kegel, von König Ludwig II. gütigst unterstützt, über die Alpen, um seine Sorgen und Mühen wenigstens vorübergehend zu vergessen und um Sonne, bildende Kunst und heiteres Volksleben zu genießen. Außer der königlichen Hilfe war es noch das eben eingetroffene, für damalige Zeiten sehr üppige Honorar für den Festmarsch, das die Reise ermöglichte. Nach den künstlerisch wohl glänzend, aber finanziell traurig beendeten ersten Festspielen 1876 führte uns die Reise über Verona, Venedig, Bologna nach Rom und Neapel. Damals erwachte in mir die Leidenschaft für die Architektur. Wie besessen lief ich von Kirche zu Kirche, von Palast zu Palast, und die ersten Versuche, mit dem Bleistift auf dem Papiere diese Eindrücke wiederzugeben, wurden anfänglich recht unbeholfen, allmählich aber ganz annehmbar gemacht, so daß meine Eltern mit Lächeln, aber auch mit Freude dieses alle überraschende Talent beobachteten, das sich da entwickelte.

Mein Vater war während dieser Reise in bester Laune. Nur in Rom wollte es zu keiner guten Stimmung kommen. Er wurde von taktlosen Menschen viel belästigt, der Anblick der zahllosen Priester reizte ihn; dazu mochten wohl auch schlechte Nachrichten über das Defizit der Festspiele aus Bayreuth eingetroffen sein. Ein Lichtblick war nur das erste Zusammentreffen mit dem Grafen Gobineau. Wir Kinder merkten natürlich weder von dem einen noch von dem andern etwas. Wir freuten uns, wenn die liebe Gräfin Isa Voß uns zu Schokolade einlud, und freuten uns weniger, wenn wir die Fürstin Karoline Wittgenstein zu besuchen hatten. Schon die Luft in ihrem Zimmer (es wurde anscheinend nie gelüftet), der penetrante Geruch stark duftender Blumen, brennende Wachskerzen und ihr eigentümliches Aussehen wirkten erschreckend auf unsere kindliche Phantasie. Nachdem sie uns zahlreiche Photographien von Antiken gezeigt hatte, mußten wir zum Abschied einzeln vor ihr niederknien, um von ihr einen recht lang ausgedehnten und mit ritualen Gebärden ausgestatteten Segen zu empfangen, was uns einerseits – da wir so etwas noch nie erlebt hatten – ängstigte, andererseits aber auch zum Lachen reizte. Ich fürchte, daß sie das leise Kichern gehört hat, denn wir wurden nie mehr eingeladen. Die Schokoladennachmittage bei der Gräfin Voß mit ihrem reichlichen Kuchensegen waren uns jedenfalls damals lieber als der polnisch-kirchliche Segen!

In Sorrent trafen meine Eltern mit Malvida von Meysenbug und mit Nietzsche zusammen. Malvida hatte einige Jahre vorher den Versuch gemacht, sich in Bayreuth niederzulassen, da sie aber das Klima nicht vertrug, zog sie nach dem Süden. Diese räumliche Trennung vermochte aber nicht die freundschaftlichen Beziehungen zu meinen Eltern zu lockern. Bei unserm langen Aufenthalte in Neapel 1880/81 weilte sie einige Zeit als Gast in der Villa d'Angri. Ihre geniale Heiterkeit war eigentlich das Band, das diese langjährige Freundschaft immer wieder von neuem knüpfte. Denn ich kann mich wohl besinnen, daß es in manchen Fragen oft große Gegensätze gab, die zu ernsten, ja heftigen Auseinandersetzungen führten, so zum Beispiel in Fragen des Christentums, ferner der Vivisektion, für die Malvida eintrat, und in politischen Dingen war sie auf dem Standpunkt von 1848 stehen geblieben, während mein Vater diesen längst überwunden hatte. Für Cavour hatte sie gar kein Interesse, während ihr Männer von der Richtung Mazzinis ans Herz gewachsen waren. Als es einmal wieder zu einer heftigen Diskussion kam und Malvida sichtlich irritiert und gekränkt sich in ihr Zimmer zurückzog, sandte mich mein Vater mit Blumen und einigen heiteren Zeilen zu ihr, um sie wieder zu versöhnen. Ich höre noch ihr lautes Lachen beim Lesen dieser Zeilen, und im Gegensatz zu manchen andern Freunden, die, die heftige Art meines Vaters mißverstehend, nach solchen Ausbrüchen gekränkt sein zu müssen glaubten, kam sie sofort mit mir in den Salon zurück, wo durch ihr Erscheinen alle Wolken der Mißstimmung verscheucht wurden.

Bei meinen späteren Aufenthalten in Rom hatte ich die große Freude, mit dieser an Herz und Geist so reich begabten Frau viel zu verkehren. Ich wohnte ganz in ihrer Nähe am Kolosseum, und es verging wohl kein Tag, an dem ich sie nicht besucht hätte. Gemeinsame Lektüre regte die Konversation an; wir lasen Thukydides, Platon und andere griechische Autoren zusammen; auch mußte ich ihr öfters aus meinen soeben beendeten Opern Bärenhäuter und Herzog Wildfang vorspielen. Ihr außerordentlich stark entwickelter Sinn für Humor fand in diesen beiden Werken Befriedigung. Beim Anhören der Dichtung zu Herzog Wildfang rief sie aus: „Mein Fidi,“ – dies ist mein Kindername – „da brauchst du ja gar keine Musik dazu zu schreiben. Das solltest du als Schauspiel aufführen lassen.“ Zwei Jahre später habe ich ihr noch die Dichtung meines Kobolds vorlesen können, und ich bin stolz darauf, aus dem Munde einer solchen Frau ehrliche Anerkennung vernommen zu haben. Die heitere Seite Malvidas kannten und weckten wohl am besten die Wahnfriedler. Andre wollten immer mehr aus ihr eine Art Egeria oder Makarie machen. Wenn diese Tonart angeschlagen wurde, kniff ich meistens aus, besonders wenn die Politik drankam. Tiefgewurzelt war in Malvida die Begeisterung für die Werke und Schriften meines Vaters; ihre Memoiren sind zu allgemein bekannt, als daß es nötig wäre, hier noch etwas darüber zu schreiben. Noch in ihren letzten Lebensjahren inszenierte sie, unterstützt von ihrer langjährigen Freundin, der Fürstin Marie v. Bülow, ein großes Wagnerkonzert in Rom, dessen Leitung ich übernahm.

Das obenerwähnte Zusammentreffen Malvidas und Nietzsches mit meinen Eltern in Sorrent war, soweit das ein Kind von sieben Jahren beurteilen kann, nicht ganz geglückt. Und daran war wohl Nietzsche schuld. Mein Vater schien verstimmt zu sein, wozu vielleicht die Anwesenheit von zwei ihm unsympathischen Freunden des Philosophen die Veranlassung war. Dieses war meines Wissens das letzte Zusammentreffen Nietzsches mit meinem Vater.

Nach Deutschland heimgekehrt, fanden meine Eltern eigentlich nur Ärger und Sorgen vor: das Defizit der Festspiele 1876 zu decken fand sich niemand im großen Deutschen Reiche! Mein Vater mußte sich selbst aufmachen und, leidend und abgespannt, wie er war, Konzerte dirigieren. Diese Zeit hier zu schildern, dürfte wohl nicht nötig sein. Das ist alles in Glasenapps monumentaler Biographie zu finden. Die Kleinlichkeit und Teilnahmlosigkeit Deutschlands ist darin für alle Zeiten festgenagelt. Volle sechs Jahre mußte das Festspielhaus geschlossen bleiben! An eine Wiederholung des Rings war nicht zu denken. War es meinem Vater zu verdenken, wenn er sich aus dieser Ärgernis heraus wieder nach dem Süden sehnte? Wie oft wurden an besonders grauen und regnerischen Tagen der Gsell Fels und Bädeker herbeigeholt und

Reisepläne geschmiedet! Italien, Griechenland und Ägypten waren die Ziele. Zu den beiden letzteren kam es nie, doch drei Reisen nach Italien sollten noch zustande kommen.

Der Freigebigkeit Ludwigs II. war es zu verdanken, daß mein Vater die schon erwähnte herrliche Villa d'Angri am Posilippo in Neapel mieten konnte. Nie werde ich die jubelnde Stimmung vergessen, die uns erfaßte, als wir, dem nordischen Grau entrückt, am ersten sonndurchstrahlten Morgen aus den Räumen der Villa auf die Terrassen traten und den unbeschreiblich schönen Anblick des Golfes von Neapel genossen! Als wären alle Nachtalben in ihre Höhlen verbannt, triumphierte dort Schönheit, Freude am Leben, Unbesorgtheit! Während dieses ganzen, bis zum August währenden Aufenthaltes war mein Vater in heiterster Laune. Für uns Kinder war diese Zeit das reinste Paradies. Mit unglaublicher Energie schuf meine Mutter unter phantastischen, echt neapolitanischen Verhältnissen einen wohlgeordneten Hausstand. Wer Neapel kennt, weiß, was dazu gehört. Diener und Kammerjungfer waren zwar mitgekommen, konnten aber keine große Hilfe sein, da sie kein Italienisch verstanden. Das übrige Personal mußte aus Neapel beschafft werden. Doktor Schrön, der deutsche Arzt, war dabei behilflich. Auch eine italienische Lehrerin wurde engagiert, die meinen Schwestern und mir die Sprache und Literatur beibringen sollte. Sie tat dies mit viel Gutmütigkeit, denn es stellte sich bald heraus, daß sie von Dante nicht mehr wußte als wir Kinder! Dafür stickte sie schön, und diese Tugend wußte meine Mutter, besonders im Hinblick auf den 22. Mai, zu stärken.

In diese Frühjahrszeit 1881 fällt die Bekanntschaft mit dem russischen Maler Paul v. Joukowsky, der durch seine hohe Kultur, vornehmen Formen und spontan-genialen Einfälle Herz und Geist meiner Eltern für sich einnahm. Nebst Heinrich v. Stein und Malvida war er der meistgeladene Gast; er begann ein Porträt meiner Mutter zu malen, das, nach ungefähr vierzig Sitzungen, auch wirklich gut gelang und jetzt in Wahnfrieds Saal hängt. Sein Diener Pepino, ein richtiger Neapolitaner, mußte oft abends auf der Terrasse zur Mandoline Volkslieder singen, besonders die schönen älteren Liebesgesänge, die leider immer mehr verschwinden, verscheucht durch Operettenschmarren, die selbst ein so gesundes, unverdorbenes Empfinden, wie es im italienischen Volke lebt, zu verseuchen droht. Mein Vater hatte wirkliche Freude an diesen Volksmelodien; es lebt in den südlichen Teilen Italiens immer noch ein Rest griechischen Geistes. Wem wären die Gesänge des Volkes bei der Wein- oder Olivenlese nicht als etwas ganz Besonderes, Zauberisches aufgefallen?

Von sonstigen Freunden Wahnfrieds möchte ich noch den Fürsten Rudolf Liechtenstein erwähnen; auch Arnold Böcklin kam, dessen farbenglühende Kunst auf meinen Vater starke Wirkung tat. – Der unglückliche Joseph Rubinstein, mit der Anfertigung des Parsifalklavierauszuges beschäftigt, gehörte weniger zu den anziehenden Erscheinungen des Freundeskreises. Er zeigte meiner Mutter und uns Kindern deutlich, daß er nur um unsres Vaters willen anwesend und daß die Familie eigentlich eine unnötige lästige Beigabe sei. Meine Mutter ertrug dies ruhig, weil sie das Gute und Bedeutende in ihm erkannt hatte; uns Kindern dagegen wurde er so antipathisch, daß es der weisen mütterlichen Mahnungen bedurfte, um uns von lauten Mißfallsbezeigungen zurückzuhalten. Ich nannte ihn „unglücklich". Das war er wirklich. Er bekannte meinem Vater öfters, daß er unter seiner Rasse leide: ein Kundrynaturell, das sich nach Erlösung sehnte. Diese glaubte er durch meinen Vater und seine Kunst zu finden. Bald nach dem 13. Februar 1883, des helfenden Beschützers beraubt, an sich selbst verzweifelnd, nahm er sich das Leben. Das Gefühl der Abneigung, das wir Kinder gegen ihn empfunden hatten, wandelte sich begreiflicherweise in Mitleid, als wir später fähig wurden, in seine zerrissene Seele Einblick zu gewinnen. Wie die Komik sich gern zur Tragik gesellt, so hatte selbst er, der Spröde, Abwehrende, das Herz eines weiblichen Wesens erobert: unsre englische Gouvernante verliebte sich in ihn. Wenn abends sein Mantel im Vorplatz hing, umarmte sie diesen, ungeachtet, ob wir freche kleine Bande herumstanden und sie verspotteten. Im Gegenteil, das bestärkte sie nur in ihren Gefühlen, denn sie rief zu meiner Schwester: „*O Eva, tell him, that I love him!*" Meine Schwestern hatten aber doch nicht den Mut, den Liebesboten zu spielen, und es blieb bei der Mantelumarmung.

Der Höhepunkt des Neapler Aufenthaltes war die Feier des 22. Mai. Monatelang hatte meine Mutter Vorbereitungen getroffen, um den Geburtstag des Meisters heiter anregend zu gestalten. Für diese Gelegenheit dichtete sie alljährlich ein Maifestspiel, das wir fünf Kinder darzustellen hatten. Sie richtete sich dabei ganz nach unserm Alter und unsrer Begabung. Ich kam gewöhnlich mit einem recht bescheidenen Part davon, denn mit dem Auswendiglernen haperte es bei mir meistens, selbst später noch während der Gymnasiumszeit. Nur Musik behielt ich schnell. Die zu diesen Huldigungsstücken gehörende Musik stellte sie zusammen, und einem der anwesenden Musiker vertraute sie die Ausführung an. Auch Einakter von Hans Sachs und

Lope de Vega wurden dargestellt. Den Schluß des Abends bildete eine Kahnfahrt an den Ufern des Posilippo entlang.

Bis zum August weilten wir in der Villa d'Angri. Touren nach Pompeji, Capri, Sorrent, Pozzuoli und auf den Vesuv brachten Abwechslung in das gleichmäßig ruhig verlaufende Leben. Mein Vater arbeitete am Parsifal, aus dem er einige Bruchstücke einer kleinen Hörerschar vorführte. Meine Schwestern bekamen den Chor aus der höchsten Höhe: „Der Glaube lebt, die Taube schwebt" einstudiert und errangen sich damit das Lob des Meisters. Von Neapel führte uns die Reise nach Siena. Auch dort hatte meine Mutter wieder mit glücklichem Griff eine Villa gemietet und eingerichtet, Villa Torre Fiorentina, und alles so vorbereitet, daß sich gleich die größte Behaglichkeit einstellte. Es folgten Wochen voll Glück und Frieden. Welch ein Kontrast nach den grandiosen Effekten des neapolitanischen Meerbusens, nach dem tollen Trubel der Straßen Neapels: nun diese Anmut und Stille, diese sanften Farben, lieblich heiteren Hügel, nichts Wildes, nichts die Phantasie Aufregendes. Ein wirkliches Idyll nach einem Drama. Ich möchte sagen, ein Hans Thoma-Bild nach einem Böcklin. Herrlich paßte in diese wohlige Stimmung ein längerer Besuch meines Großvaters Liszt, der selbst bei seiner Rückkehr nach Rom berichtete, er habe die glücklichsten Wochen seines Lebens bei Wagners verbracht. Nie habe er den Meister so heiter gesehen.

Wir Kinder hingen alle leidenschaftlich an unserm Großvater. Seine überreiche Güte, sein originelles Eingehen auf die Eigenart eines jeden seiner Enkel hatte etwas ungemein Anziehendes für uns. Seine Ankunft brachte uns außerdem stets einen freien Tag ein, was ja bei jugendlichen Gemütern nie seine Wirkung verfehlt. Diesmal war er allein gekommen, der übliche Schwarm von Schülern war ferngehalten worden. Es konnte daher nichts weltlich Störendes den trauten Verkehr der Familie stören. Selbst die Fürstin Wittgenstein ließ meiner Mutter Ruhe mit ihren sonst zur Gewohnheit gewordenen Mahnbriefen an diejenigen, bei denen Liszt zu Gaste war, in denen stand, was er essen dürfe, was nicht, wen man einladen dürfe, wen nicht, worüber man sprechen solle, worüber nicht. Als er einmal gemahnt wurde, er solle ja kein Kognak trinken, antwortete er: „Man sagt, daß Wein die Milch des Alters sei, nun gut, dann ist Kognak die Sahne des Alters!"

Einen echt Lisztschen Zug kann ich hier einfügen, da er meines Wissens bisher noch nicht in der Öffentlichkeit bekannt geworden ist. Bei einer reichen Finanzbaronin in Paris eingeladen, nahm er, als nach dem Diner der Kaffee serviert wurde, den Zucker mit den Fingern aus der Zuckerdose. Die Hausfrau sah mit Unwillen, daß er nicht die Zuckerzange benützt hatte, und rief dem Diener zu: „Füllen sie die Zuckerdose neu auf!“ Liszt tat, als habe er nichts gehört, trank seinen Kaffee, ging dann zum geöffneten Fenster und warf die kostbare Tasse hinaus. Zu der Baronin sagte er aber auf ihre Klage über ihr schönes Objekt: „Wenn Sie nicht Zucker aus einer Zuckerdose nehmen können, die ich mit der Hand berührt habe, werden Sie wohl erst recht nicht aus einer Tasse trinken können, die ich mit den Lippen berührt habe.“ Deutlich offenbart sich seine Herzensgüte aus folgendem Begebnis. Eine Pianistin veranstaltete in Jena ein Konzert. Um mehr Publikum anzuziehen, ließ sie verkünden, sie sei Lisztschülerin. Das Unglück wollte, daß gerade am Tage ihres Konzerts Liszt von Weimar nach Jena kam. Klopfenden Herzens eilte die Künstlerin zu ihm und gestand ihm ihre Lüge. „Kommen Sie, Fräulein,“ entgegnete Liszt, „setzen Sie sich an das Klavier und spielen Sie mir Ihr heutiges Konzertprogramm vor.“ Sie folgte seinem Geheiß. Zwei volle Stunden korrigierte er nun, was ihm fehlerhaft dünkte, am Schlusse sagte er: „So, Kindchen, jetzt können Sie sagen, daß Sie Lisztschülerin sind.“

Meine Mutter hat vor Jahren eine Schrift über ihren Vater veröffentlicht, die wohl am besten von allen bisher erschienenen Publikationen das Wesen dieser faszinierenden Persönlichkeit wiedergibt. Drei ganz entgegengesetzte Naturen waren in ihm vereinigt. Vereinigt ist eigentlich nicht das richtige Wort. Sie standen in scharfen Kontrasten nebeneinander. Eine Franziskus-, eine Dionysos- und eine Wotannatur, die sich am klarsten in drei seiner Kompositionen wiederspiegeln: dem Dreizehnten Psalm, dem Mephistowalzer und dem ersten Satze der Faustsymphonie. Diese Kontraste konnten begreiflicherweise philiströse und pharisäische Naturelle nicht verstehen. Daher auch der erbitterte Kampf gegen Liszts Kunst, der selbst heute noch nicht aufgehört hat. Umso mehr freut es mich, bei meinen Konzerten eine wachsende Begeisterung des nicht beeinflußten Publikums für die symphonischen Dichtungen wahrzunehmen, sogar in Städten wie Berlin und Wien, wo am stärksten von den eben erwähnten Elementen dagegen gewirkt worden ist. Die thematische Kraft dieser Werke läßt sich eben nicht unterdrücken. Und auf diese Gestaltungskraft kommt es nun doch einmal in erster Linie an. Mit Kontrapunktik und Instrumentationskünsten allein schafft man nicht Werke von bleibendem Werte.

Man muß aber auch Liszt zu dirigieren verstehen. Ein Nurmusiker wird kein Verhältnis zu diesen Werken haben. Man muß dichterisch mitempfinden. Es muß stets wie eine geniale Improvisation wirken. Die Fermaten über Pausen darf man nicht buchstäblich nehmen, sondern man muß sie als Zeichen zum Nichttaktschlagen ansehen. *Tempo rubato* im guten Sinne. Wie leicht kann zum Beispiel der erste Teil des Tasso zerrissen werden, und daher langweilig wirken, wenn der Dirigent da nicht etwas frei schaltet und geschickt über Pausen hinweghilft! Gerade diese Komposition habe ich glücklicherweise als Knabe von ihm am Klavier gehört. Außerdem noch Mazeppa (auf zwei Klavieren mit Reisenauer) und die Dantesymphonie. Da empfand man nirgends Leeren oder Lücken.

Damals in Siena erinnere ich mich einiges von Beethoven und Chopin gehört zu haben. In Venedig bei seiner letzten Begegnung mit meinem Vater spielte er Beethovens Adur-Symphonie. Eines auf uns Kinder unbeschreiblich heiter wirkenden Intermezzos bei dieser Vorführung möchte ich doch hier gedenken. Während Liszt nämlich, umgeben von meiner Mutter, der Fürstin Hatzfeld und einigen Freunden, im Salon spielte, hörten wir Kinder im Nebenzimmer zu. Plötzlich, bei dem Scherzo, sehen wir unseren Vater eintreten und unbemerkt von Liszt und den Zuhörenden in der geschicktesten und anmutigsten Weise tanzen. Man hätte meinen können, einen Jüngling von zwanzig Jahren vor sich zu sehen. Wir hatten Mühe, unsre Freude an diesem Tanze nicht durch lautes Lachen kundzutun! Eines ist gewiß: Beethoven konnte sich nicht schöner sein Scherzo getanzt denken, und Isadora Duncan kann sich mit Recht auf meinen Vater berufen, wenn man ihr zum Vorwurf macht, daß sie Beethoven tanze.

Die Verehrung Liszts für meinen Vater war so tief, sein Verständnis für das so oft verkannte Wesen so groß, daß selbst Scherze wie diese nicht übelgenommen wurden: Nach einer kirchlichen Komposition, die mein Großvater vorspielte – ob es etwas aus dem Christus war, kann ich mich nicht mehr entsinnen –, rief mein Vater: „Dein lieber Gott macht aber viel Spektakel!" – Seine Enkelkinder liebte Liszt innig. Sigius – so nannte er mich – durfte immer zu ihm ins Zimmer. Ich kramte dann gern in seinem Papierkorb herum, wo Notenpapier und seltene Briefmarken meine Beute wurden. An einem großen Marienfesttage nahm er mich in Venedig in die Kirche mit. Wir saßen in dem schönen alten Chorgestühl der „Frari". Das Hochamt begann, da ertönten von der Orgel her die gemeinsten Galopps und Polkas, wie das damals in Italien Mode war. Bei der Wandlung konnte man das schöne Lied: „Ich möchte deine schwarzen Augen küssen" hören. Kurz, es ging auf dem ziemlich defekten Orgelkasten recht kirchweihartig zu. Ich merkte, wie mein Großvater unruhig wurde, er gab mir ein Gebetbuch und empfahl mir, darin zu lesen. Kaum war die Feier zu Ende, da nahm er mich heftig bei der Hand und eilte mit mir hinaus. Kurz vor dem Portal stürzte der naive Organist auf ihn zu und fragte ihn weiß Gott, wie ihm seine Musik gefallen habe. Liszt antwortete: „*Pour vous dire la vérité: c'était une saleté, une cochonnerie.*" Flugs rannte der sichtlich überraschte Polkaspieler über die nächste Brücke davon. Während unserer Heimfahrt in der Gondel aber wiederholte mein Großvater wohl ein dutzendmal: „*Saleté, cochonnerie.*" Es war ihm peinlich, daß ich von einem kirchlichen Feste einen solchen gemeinen Eindruck haben konnte.

Ich gab ihm öfters zu Heiterkeit Anlaß. Bei einem Spaziergang im Bayreuther Hofgarten fiel ihm einst auf, daß ich, damals ein Bub von sechs Jahren, deutliche Zeichen von schlechter Laune gab. Auf seine Frage, was ich hätte, antwortete meine Mutter: „Er ärgert sich, daß er einen eleganten Anzug anhat. Er will immer so aussehen wie die Straßenjungen!" Und in Venedig überraschten er und meine Eltern mich, als ich am Klavier saß und die Begleitung zur Schlummerarie aus der Stummen von Portici spielte und die Melodie dazu pfiff. Auch das Sextett (oder ist es ein Septett) aus der Lucia von Donizetti, das ich wiederholt mit Gefallen am Marktplatz gehört hatte, ward von mir in dieser „pfiffigen" Weise reproduziert. Der Lohn, vielleicht auch die Beschämung dafür war, daß danach sich Liszt hinsetzte und das eben Vernommene in seiner Weise wiedergab, mit einer allerdings etwas üppigeren Begleitung, als ich und auch Auber und Donizetti es ausgestattet hatten. Von allen Pianisten, die ich später hörte, hat eigentlich, mit Ausnahme von Sophie Menter, nur Mottl auf mich einen ähnlichen Eindruck gemacht, und zwar nicht etwa durch die Technik – Mottl wollte gar kein Pianist sein –, sondern durch das Magnetisch-Zauberische, Dämonische, was sich aus den Fingerspitzen auf die spröden Klaviertasten übertrug. Die hinreißende Wirkung auf das Publikum läßt sich nur durch solch einen Zauber erklären. Technik allein begeistert wohl Philister, aber nicht den nach tieferen Wirkungen sich sehnenden naiven Hörer.

An der Breite, mit der ich mich in diesen kurzen Erinnerungen mit meinem Großvater befasse, werden die Leser wohl merken, mit welcher Liebe ich an dieser Persönlichkeit hänge. Bei Gelegenheit des Berichtes über jenen Besuch in Siena wollte ich gern alles zusammenfassen, was in meinem Gedächtnisse haften geblieben ist. Es verbleibt nur noch, des letzten Aufenthaltes Liszts in Bayreuth im Jahre 1886 zu gedenken. Er war zur Hochzeit meiner Schwester Daniela mit Henry Thode gekommen, reiste dann zu Bekannten, wo er sich den Keim zu seiner letzten Krankheit holte, und traf schwerleidend zu den Festspielen ein, um die erste große selbständige künstlerische Tat seiner Tochter, die Aufführung des Tristan zu erleben. Keine Mahnung der Umgebung konnte ihn davon abhalten, sich nach dem Festspielhaus fahren zu lassen. Die Behauptung mancher Biographen, meine Mutter habe ihn dazu gezwungen, ist falsch. Tiefergreifend für die Umgebung waren jene letzten Tage Liszts. Vater und Tochter, nach allen Trennungen eines an inneren und äußeren Kämpfen so überreichen Lebens, nun so ganz einander gegeben. Kein Störenfried! Alles wurde ferngehalten. Wohl kamen Telegramme über Telegramme aus Rom an, worin die Fürstin Wittgenstein meiner Mutter sehr erregte Anweisungen gab, damit ja nichts versäumt werde, um Liszts Seele vor den Krallen des Teufels zu bewahren. Sie muß entschieden Angst gehabt haben, daß unser Großvater der Hölle verfallen sei. Meine Mutter kannte ihren Vater besser, wußte daher, daß der Komponist des Dreizehnten Psalms und der Heiligen Elisabeth weder Hölle noch Fegefeuer zu fürchten hatte. Unbeachtet wanderten die Telegramme dahin, wohin sie gehörten, in den Papierkorb. Noch in den letzten Stunden, die ihm verblieben, wollte er sich immer wieder aufraffen, um nach dem Festspielhaus gefahren zu werden. Das Letzte, was er sich vorlesen ließ, war Thodes Werk über den heiligen Franz von Assisi. Charakteristisch, daß gerade diese herrliche Gestalt, mit der er selbst so manche Ähnlichkeit hatte, ihn so unwiderstehlich anzog. Seine Ruhestätte fand er im Bayreuther Friedhofe. Die schlichte romanische Kapelle wurde von Gabriel Seidl (nicht, wie das irrtümlicherweise verbreitet worden ist, von mir) entworfen. Allerdings hatte auch ich eine Skizze zu einem Mausoleum angefertigt, eine Kapelle im italienischen Frührenaissancestil, an die kleine Maria dei Miracoli in Venedig erinnernd, reich mit Marmorornamentik versehen. Dem viel einfacheren, ruhigeren Entwurf Seidls wurde mit Recht der Vorzug gegeben.

Nun zurück zur chronologischen Aufzeichnung der Begebenheiten. Auf die harmonischen Wochen in Siena folgte ein Aufenthalt in Venedig. Vor der Rückkehr nach Bayreuth wurde uns Kindern in München noch die Freude gewährt, Werke unseres Vaters im Hoftheater zu hören, ja, sogar einer Separataufführung für den König durften wir einmal beiwohnen. Wir saßen mit unsrer Mutter unterhalb der Königsloge und blickten ab und zu verstohlen mit ehrfurchtsvoller Neugier zum König und meinem Vater hinauf. Es wurde Lohengrin gegeben. Wir waren begeistert und fanden alles herrlich. Unser Erstaunen war daher nicht gering, als wir am Ende der Vorstellung unsern Vater tiefverstimmt antrafen. Die Begegnung mit dem Dirigenten, es war Hermann Levi, war peinlich; nur die Geschicklichkeit meiner Mutter vermochte das drohende Ungewitter abzulenken. Bei den Aufenthalten, die auf jeder Hin- und Rückreise von und nach Italien in München stattfanden, durften wir an den geselligen Zusammenkünften unsrer Eltern mit ihren Freunden teilnehmen. Außer Levi waren es vor allem Lenbach, Gedon, v. Bürkl, auch Bernays und andre.

Eigenartig war das Verhältnis meines Vaters zu Levi. Die Kundrynatur stak auch in diesem wie in Joseph Rubinstein. Er war einer der interessantesten und bedeutendsten Juden, die mir je begegnet sind. Chamberlain hat einen fesselnden und das Wesen, besser gesagt den Konflikt in Levis Natur prägnant darstellenden Nachruf verfaßt, auf den ich hier verweise, denn ich glaube nicht, daß ich ein besseres Bild von Levi geben könnte, als er dort. Im antiwagnerischen Milieu herangewachsen, spät zur Kunst meines Vaters gelangt, galt er in jenen Kreisen für einen Abtrünnigen. Anderseits trauten ihm die Wagnerianer nicht, so daß selbst mein Großvater Liszt einmal zu ihm die bittere Bemerkung machte, daß Heinrich Porges schon zu einer Zeit Wagnerianer war, als damit noch kein Geschäft zu machen gewesen sei. Ein hartes Wort, das, glaube ich, nicht gerechtfertigt ist. Levi war eben auf anderem Wege zum Anhänger geworden, nicht durch spontanes Gefühl, sondern durch den Intellekt. Die Jugendwerke bis zum Lohengrin waren spurlos an ihm vorübergegangen. Erst das Bekanntwerden mit der Tristan- und Meistersingerpartitur hatte die Wendung hervorgerufen, also wieder einmal in erster Linie der Eindruck, den die Technik erweckte. Für Menschen, die schon an der ersten großen Gebetsmelodie in der Rienziouvertüre gemerkt hatten, welcher Genius da der Welt geschenkt wurde, für diese ist natürlich eine solche späte Bekehrung etwas zum mindesten schwer Verständliches. Erst als der äußere Erfolg einsetzte, fühlte Levi das, was er vielleicht längst empfand, was er aber laut zu bekennen nicht den Mut besaß, bestätigt, und dann setzte er sich mit seiner ganzen Persönlichkeit für die Sache ein. Es fehlte ihm eben eines, und darunter litt er, wie er es meiner Mutter wiederholt bekannte, am meisten: der Glaube. Als in den schweren Jahren nach dem Tode meines Vaters meine Mutter die Leitung der Festspiele übernahm und dabei auf solche Anfeindungen stieß, daß die Fortsetzung des Unternehmens schweren Gefahren ausgesetzt schien, versagte Levi wieder; er glaubte nicht an die Zukunft Bayreuths, und unter dem Eindrucke der Pressegehässigkeiten, die sich hauptsächlich gegen die Tannhäuseraufführung richteten, entstand in ihm der Gedanke, in München ein Festspielhaus zu errichten, ein Gedanke, den Possart sofort aufgriff. Später, als meine Mutter siegreich aus dem Kampfe hervorging, als die Schar der wirklich zu Bayreuth Gehörenden immer mehr anwuchs, als in der französischen, englischen und amerikanischen Presse begeisterte Artikel über das Regiegenie meiner Mutter erschienen (unter diesen waren es in erster Linie wieder die geistvollen Aufsätze Chamberlains), da sah Levi sein Unrecht ein. Von da ab trat auch er glühend für das Wirken meiner Mutter ein. Wo er helfen konnte, half er, wie er überhaupt einer der freigebigsten Männer war. Einen ähnlichen Zug von Unsicherheit erlebten wir an ihm in bezug auf Hans Thoma. Als Henry Thode, damals am Anfang seiner Laufbahn als Kunsthistoriker stehend, leidenschaftlich für den nur von einer kleinen Schar echter Kunstkenner erkannten, sonst aber vollständig ignorierten oder verlachten und von einer Frankfurter Weinbergbesitzerin als „Schmierer mit den Spinatwiesen" titulierten Schwarzwälder Meister eintrat, sagt Levi, wirklich ernstlich um Thodes Zukunft besorgt, zu diesem: „Warum treten Sie so für Thoma ein? Sie schaden sich in ihrer Karriere; warten Sie doch, bis er tot ist." Auch da kein Glaube, und dabei kaufte er sich Bilder von Thoma und war entzückt von dieser schlichten, echt deutschen Kunst. Solange wir Kinder waren, empfanden wir keine Sympathie für Levi. Erst als wir reifer wurden, vermochten wir seine seltenen Eigenschaften zu würdigen. Am liebsten hatten wir seine gemütlichen Mahlzeiten dort oben im vierten Stock in der Arcostraße. Seine Haushälterin Frau Stamm setzte sein Lieblingsgericht Rindfleisch mit Frühlingssoße vor. Es ging heiter angeregt zu. Alles, was es an besonderen, geistreichen Menschen in Europa gab, war in seinem Hause zu Gast. Kein geistiges Thema, das da oben nicht behandelt wurde. Man lachte, disputierte, man zankte sich wohl auch, aber man schied stets in heiterster Laune. Levi hatte lebhaftes Interesse für jeden einzelnen von uns, er ging auf unsre Individualitäten ein: meine architektonischen Entwürfe zeigte er in den Münchener Künstlerkreisen herum, und nie werde ich ihm vergessen, mit welchem Eifer er sich für die Aufführung meines Bärenhäuters in München verwandte. Er überwachte alle Proben, obwohl er selber durch seine Gesundheit verhindert war zu dirigieren (Franz Fischer waltete dieses Amtes). Bei einer Stelle im zweiten Akte, die ihm besonders gefiel, küßte er mich auf die Stirn. Daß er zum Dirigenten des Parsifal von meinem Vater auserkoren wurde, zeigt wohl am deutlichsten, was mein Vater von ihm hielt. Viele Jahre leitete er dies Werk, das dann später als sein berufener Erbe Karl Muck übernahm, der zu Parsifal dasselbe Verhältnis hat, wie Richter zu den Meistersingern und Mottl zum Tristan.

Wie vorher bei Gelegenheit des Besuches meines Großvaters in Siena, so bin ich jetzt bei Nennung des Namens Levi abermals von dem eigentlichen Erzählen abgewichen. Den Faden wieder anknüpfend, will ich daher jetzt noch von den zwei letzten Reisen nach dem Süden berichten, die wir mit unserem Vater machen durften. 1881 auf 82 war Sizilien sein Ziel: zuerst Palermo, dann Acireale, mit kurzen Ausflügen nach Taormina, Messina und Catania. Zum erstenmal wurde das Weihnachtsfest fern von Wahnfried verbracht. Meine Mutter, die stets das Genie zeigte, das Unmögliche möglich zu machen, hatte selbst dort unten eine Fichte aufgetrieben und als Weihnachtsbaum geputzt. Der Besuch Joukowskys war eine willkommene Bereicherung der Festtage, und die überaus herzliche Gastfreundschaft der Palermitaner Gesellschaft, voran des lieben alten Grafen Tasca, befreiten uns von dem Gefühle des Heimwehs, das doch jeden Deutschen befallen muß, wenn er gerade an diesem traulichen nordischen Festtage, den der Südländer in diesem Sinne nicht kennt, fern von der Heimat weilt. Für unsre Familie wurde der Aufenthalt in Palermo von besonderer Bedeutung durch die Verlobung meiner Schwester Blandine mit dem sizilianischen Grafen Gravina, einem durch Vornehmheit, Schönheit und Herzensgüte ausgezeichneten, uns allen sehr sympathischen Manne. Seine Familie rühmte sich, von den Normannen abzustammen, der Name Gravina wird schon im elften Jahrhundert genannt.

Wenn ich von mir selbst, dem damals Zwölfjährigen, aus dieser Zeit etwas erzählen soll, so wäre es, daß meine Liebe und mein Talent zur Architektur sich immer mehr entwickelten. Durch das lange Verweilen in den Kirchen kam es, daß auch der katholische Kultus großen Eindruck auf Sinn und Gemüt machte, und bei dem Kindern eigenen Nachahmungstriebe wollte ich nun gern selber zuhause die Zeremonien ausführen. Mit dem Taschengeld, das ich ab und zu erhielt, und mit dem, was ich mir von Joukowsky und andern Freunden erbettelte, kaufte ich mir eine Gipsmadonnenfigur, Leuchter, Kerzen und Weihrauch; Joukowsky schenkte mir eine Ampel und ein Meßgewand dazu. (Beide befinden sich jetzt noch zur Erinnerung in meinem Arbeitszimmer.) Diese Gegenstände wurden insgeheim in den Koffer gepackt, und nach unsrer Rückkehr richtete ich mir im kleinen Gartenhaus eine regelrechte Kapelle ein und las die Messe, wobei meine Kameraden die Ministranten spielen mußten. Wir taten das alles mit tiefstem Ernst, durchaus nicht verhöhnend.

Mein Vater machte aber der Sache bald ein Ende, die Kapelle wurde ausgeräumt, und traurig gehorchend ließ ich von dieser Passion ab.

Die letzte Italienfahrt 1882 bis 1883 galt Venedig. Nicht endenwollende Regengüsse hatten die ganze Etsch- und Brentagegend überschwemmt. Die Brücke in Verona, über die wir zum Bahnhof fuhren, stürzte wenige Stunden danach ein. Wir gelangten nur mit knapper Not nach der Lagunenstadt. Auch dort wollte es zu keinem schönen Wetter mehr kommen, so daß trotz der herrlichen Wohnung im Palazzo Vendramin während dieser ganzen Zeit die richtige italienische Sonnenfreudigkeit nicht einsetzte. Ein großer Komet erregte bei abergläubischen Gemütern – auch ich bin nicht ohne Aberglauben – Furcht vor drohenden Ereignissen, kurz, es lastete ein Druck auf diesem Aufenthalte. Die Erregungen des Festspieljahres 1882 hatten die Gesundheit meines Vaters stark mitgenommen. Ob Parsifal im Jahre 1883 wiederholt werden könne, war eine schwere Frage. Die Hoffnung, daß auch das deutsche Volk sich in reger Weise an der erstmaligen Aufführung dieses letzten seiner Werke beteiligen würde, war vernichtet. Nur die drei ersten Abende waren gefüllt, bei den übrigen konnte man große Lücken wahrnehmen! Also auch diese letzte Enttäuschung blieb meinem Vater nicht erspart!

Trotzdem siegte auch in diesen letzten Monaten seines Lebens immer wieder die Heiterkeit. Ich habe schon oben berichtet von seinem Tanze zu Beethovens Siebenter Symphonie; das geschah einen Monat vor seinem Scheiden. Entzückend war er mit vornehmen Damen, zum Beispiel mit der liebreizenden Fürstin Hatzfeld, mit ihrer Tochter, der treuen Mitkämpferin Gräfin Schleinitz, deren Bedeutung unter anderen auch von Glasenapp gebührend gewürdigt worden ist, so daß ich hier nicht zu wiederholen brauche, mit Gräfin Dönhoff, der jetzigen Fürstin Bülow, und anderen. Er hatte bei solchen Gelegenheiten etwas – ich möchte sagen fast französisch Chevaleresk-Anmutiges in seinem Gebaren. Sehr drollig nahm es sich aus, wenn die baumlange Gräfin Hildegard Usedom ihm die Hand küßte. Sie tat es gern, weil sie wußte, daß sie dann zum Lohn einen Kuß auf die Lippen bekam. Der Anblick der sich bückenden Riesin hatte etwas unwiderstehlich Erheiterndes. Wie gut mein Vater mit dem einfachen Volke war, ist bekannt. Die Dienstboten vergötterten ihn! Seine Heftigkeit wurde von ihnen nie mißverstanden, weil er eine Minute darauf jegliche Gekränktheit durch einen Witz zu beseitigen wußte. Nur recht unbegabte Leute trugen ihm nach. Sehr oft war ich der Glückliche, der seine Heiterkeit erregte. Von meiner gepfiffenen Auberschen Schlummerarie erzählte ich bereits; außer dem Pfeifen belustigte ihn aber auch mein damals in Venedig erwachendes Bedürfnis, zu dichten. Ich entwarf eine Reihe aufregender Stücke, Ritterschauspiele; auch Catilina mußte herhalten. Beim Vorübergehen lugte mein Vater in mein Heft und rief lächelnd zu den Geschwistern: „Still, Kinder, stört den Fidi nicht, daß er nicht vom Pegasus purzelt!“ Mein Hauslehrer trug, allerdings mehr wider seinen Willen, zur Heiterkeit bei, als er sich von „Mutti“ aus dem nördlichsten Winkel Deutschlands sein Federbett kommen ließ. Der reichliche Genuß von Marzipan, ebenfalls von „Mutti“ gesandt, widerte meinen Vater allerdings mehr an. Er konnte Weichlichkeit nicht ausstehen. Gern war er darauf bedacht, uns eine Freude zu machen. Die größte waren die schon früher erwähnten und von meiner Mutter nicht gern gesehenen Gänge zu dem großen Konditor Lavena. Im Theater sahen wir die Baruffe Chiogiotte und Paesiellos „Barbier von Sevilla“, selbst zu den Karnevalsfestlichkeiten auf dem Markusplatz wurden wir mitgenommen.

Das schönste Ereignis aber war die Aufführung seiner Jugendsymphonie zum Geburtstag meiner Mutter. Es war das dritte Mal, daß ich ihn als Dirigenten sehen durfte. Einige Jahre vorher war es bei der gleichen Gelegenheit die Adur-Symphonie von Beethoven und Sätze aus der Fdur, die er mit dem Meininger Orchester in Wahnfried leitete. Seine Art zu dirigieren, von der zu lernen seine Schüler, wie Hans v. Bülow, Klindworth, Richter, und später indirekt Mottl, Muck und Nikisch, mit Glück bestrebt waren, zeichnete sich durch plastische Einfachheit und große Klarheit aus. Zu diesen gehörte auch Anton Seidl, der zur vollen Zufriedenheit seines Meisters den Ring des Nibelungen bei den Angelo Neumannschen Aufführungen dirigierte. Seine reichen Gaben entfaltete er später in Amerika, wo er sich der größten Beliebtheit beim Publikum erfreute. Ich persönlich gedenke noch in besonderer Dankbarkeit seiner, da er sich mit Eifer der Verbreitung meiner Kompositionen annahm. Meine erste orchestrale Arbeit, die symphonische Dichtung „Sehnsucht“ (nach dem Schillerschen Gedichte) führte er in Amerika auf. Ergreifend schön war seine Direktion des Parsifal in Bayreuth. Ein früher Tod raubte uns leider diesen echt Bayreuther Künstler. Mein Vater wirkte hauptsächlich durch das Auge, was er ja selbst wiederholt als das Wichtigste der Willensübertragung bezeichnete. Seine Leidenschaftlichkeit war also nach außen hin mehr gebändigt; sie zeigte sich für diejenigen, die ihn nach der Arbeit in der Nähe sahen, durch das äußerst starke Transpirieren. Der Anblick für den Zuschauer blieb immer ästhetisch, nichts von all den jetzt beliebten übertriebenen Gestikulationen, die den Eindruck erwecken, als sei der Dirigent der Endzweck der Musik und das aufzuführende Werk Nebensache. Das Auge war das Elektrisierende. Allerdings, der Dirigent muß auch ein Auge haben, in dem sich eine Seele widerspiegelt. Fehlt das, so müssen Schlangenmenschenverkrümmungen über das Manko hinwegtäuschen. Ein Teil des Publikums scheint ja auch an diesen Verrenkungen Freude zu haben. Das eine weiß ich aus eigener langjähriger Erfahrung: die Orchestermitglieder ziehen ein äußerlich gebändigtes deutliches Dirigieren der scheingenialen Zappelei vor. Bei meinen vielen Konzerten, die mich in Berührung mit Hunderten von Orchesterkörpern gebracht haben, ob es in Deutschland, England, Frankreich, Spanien, Italien oder Rußland, Skandinavien war, überall hörte ich von Orchestermusikern, wie angenehm ihnen meine ruhige Art zu dirigieren sei: „Da wird man wenigstens nicht nervös." Ich sage immer, das sei die Schule meines Vaters.

Das zweite Mal *sah* ich ihn nicht als Dirigenten. Es war bei der letzten Parsifalvorstellung, als er die zweite Hälfte des dritten Aktes dirigierte. Luise Reuß-Belce, meine famose Mitarbeiterin bei den Bayreuther Festspielen, lange Jahre die berühmte Fricka, damals im Jahre 1882 Blumenmädchen und Gralsknappe, erzählte uns oft und gern von dem Gefühl, welches alle auf der Bühne tätigen Künstler überkam, als sie nach der Wandeldekoration beim Wiedererscheinen des Gralstempels statt Levi plötzlich meinen Vater am Dirigentenpult stehen sahen. Nur einer schien sichtlich erregt darüber zu sein, der bis jetzt unerreicht gebliebene Sänger des Amfortas, Theodor Reichmann, der nur einen Fehler hatte, daß das Musikalische ihm viel Not machte. Er rief aus: „Mein Gott, der Meister selbst am Pulte, wird er mir denn meinen Einsatz richtig geben?"

Die Proben zu seiner Jugendsymphonie wußte mein Vater durch kleine Witze dem italienischen Orchester sehr fröhlich und angenehm zu machen. Dabei setzte er alles durch, was er an Vortragsfeinheiten zu erreichen wünschte. Sein mangelhaftes Italienisch trug auch zu komischen Mißverständnissen bei.

Von dem letzten Tage im Leben meines Vaters ist mir ein Erlebnis mit meiner Mutter deutlich in der Erinnerung geblieben. Obwohl sie eine Meisterin des Klavierspiels war – ihr Musiklehrer Séghers hatte von den beiden Schwestern gesagt: „*Blandine sera une excellente musicienne, Cosima une grande artiste*" – hatte ich sie nie spielen hören; ihre Tätigkeit im Dienste meines Vaters war so umfangreich, daß sie das Klavier ganz vernachlässigen mußte. Am 13. Februar war es, ich saß im Salon und übte am Klavier. Da trat meine Mutter ein. Sie ging auf den Flügel zu und begann zu spielen. Auf meine Frage, was sie spiele, antwortete sie mir mit einem ganz entrückten Blicke: „Schuberts Lob der Tränen". – Einige Minuten später brachte die Kammerjungfer die Nachricht, daß es schlecht um meinen Vater stünde. Nie vergessen werde ich, wie meine Mutter zur Tür hinausstürzte. Eine Gewalt leidenschaftlichsten Schmerzes drückte sich darin aus; dabei stieß sie sich so stark an dem halbgeöffneten Türflügel, daß dieser fast zerbrach. Wenn ich sie in späteren Jahren bei den Proben zu den Festspielen Rollen wie Kundry, Isolde, Sieglinde, Brünnhilde darstellen sah, mußte ich oft jenes Augenblicks in Venedig gedenken; ihre Darstellung war von antiker Größe, wie ich sie auf der Bühne nur einmal wiedergesehen habe: bei der Verkörperung des Othello durch den damals schon siebenundsiebzigjährigen Salvini.

Der 13. Februar 1883 brachte eine große Wendung in unser Leben, vor allem äußerlich. Mein Vater hatte, um mich des populären Ausdrucks zu bedienen, von der Hand in den Mund gelebt. Aus den Einnahmen seiner Werke wurde das tägliche Brot, die Reisen und so weiter bestritten. Ein angelegtes Vermögen war nicht vorhanden, nur das, was meine Mutter mit in die Ehe brachte. In den nun folgenden Jahren galt es, langsam an die Gründung eines Vermögens zu gehen. Hierbei hatte sie die größte Stütze an Adolf v. Groß, der fortan nicht nur alles Praktische des Festspielunternehmens, sondern auch unsre ganzen Privatangelegenheiten übernahm. Ohne diesen Mann wären wir nicht weit gekommen; noch jetzt heißt es in allen Angelegenheiten, in denen wir keinen Rat wissen: „Gehen wir zu Adolf." Verstand und Herz sind bei diesem unvergleichlichen Manne gleich hoch entwickelt. Abhold allem Scheine, wurde er oft verkannt, mißverstanden, als unliebenswürdig gescholten. Das war und ist ihm gleichgültig. Er fühlte sich vom Schicksal auserkoren, für eine große Sache zu wirken; das gab ihm die Kraft, alles Äußerliche als falschen Tand von sich zu weisen. Während meine Mutter an der künstlerischen Arbeit immer wieder Befriedigung, Genugtuung und Erhebung fand, hatte Adolf Groß eigentlich nur das Mühselige, Widerwärtige, Dumme zu bewältigen. Wohl freute auch er sich an den Bühnenleistungen, aber wie oft wurde ihm die Freude durch das Rauhpraktische vergällt. Durch zahlreiche Prozesse mit Verlegern und so weiter, durch die Hypotheken, die auf Wahnfried lasteten, gelang es ihm nur sehr allmählich, uns in eine finanziell bessere Lage zu versetzen. Wir lebten in den Jahren 1883 bis 1890 in der denkbar einfachsten Weise, ein eigentümlicher Gegensatz zu dem früheren Leben und zu dem äußeren Scheine, den der Anblick des schönen Hauses mit dem großen Garten erweckt. Mein Vater wußte genau, daß dereinst seine Werke seiner Familie genügend einbringen würden; daher durfte er mit Recht die letzten Jahre so leben, wie es seinem Bedürfnisse und seiner Phantasie entsprach. Nur spießbürgerliche, kleinliche Menschen konnten sich über den angeblichen Aufwand erregen. Ich weiß nicht, ob über andre Künstlerfamilien auch so phantasiert und gelogen wird. Eins ist sicher, daß bis jetzt noch nie eine Notiz, die in der Zeitung stand, oder ein Gerücht, das über uns verbreitet wurde, gestimmt hat. Etwas war mindestens falsch daran, wenn es nicht überhaupt ganz erfunden war. Die phantastischsten Begriffe über unser Vermögen herrschten, und noch jetzt müssen wir unter diesen törichten Fabuliererereien leiden. Daß Künstler gern freigebig sind, ist bekannt. Bei uns wurden von dieser Eigenschaft Rückschlüsse auf die „Reichtümer" gezogen.

Gleich nach der Rückkehr aus Venedig ließ sich meine Mutter meine weitere Erziehung besonders angelegen sein. Ich wurde zum Eintritt in das Bayreuther Gymnasium vorbereitet, in das ich im Herbst 1883 aufgenommen wurde. Gern und dankbar gedenke ich meiner Schulzeit. Meine Lehrer waren so richtig Gestalten aus der Jean-Paul-Zeit, würdig, von einem Gottfried Keller oder von einem Dickens geschildert zu werden. Besonders war da der Rektor Großmann, eine magere, fast asketische Gestalt mit langem Barte, von peinlichstem Ordnungstriebe erfüllt, einer Eigenschaft, die uns Jünglinge damals teils ärgerte, teils zum Lachen reizte, deren Wert für uns wir erst später zu würdigen wußten. Wenn ich heute einen schiefen Fensterriegel sehe, denke ich jetzt noch an meinen guten Rektor und schiebe ihn zurecht. Wir Schüler bekleideten außer unsrer Würde, Oberklässler zu sein, noch ein Nebenamt, je nach den Qualitäten oder nach dem Platze, auf dem wir saßen. Ich hatte das Unglück, in nächster Nähe des Spucknapfes zu sitzen; diesen hatte ich sauber zu halten. Einige meiner Mitschüler, die bemerkten, daß ich kurz vor Beginn der Stunde noch eifrig zu präparieren hatte, spuckten kurz vor Eintritt Großmanns heimlich in den Napf. Der Rektor tritt ein, sein erster Blick fällt auf das beschmutzte Objekt. Mit dem Fuße die Sägespäne über die unästhetischen Stellen deckend, wendet er sich zu mir und sagt deprimiert: „Wann endlich, Wagner!" Sein „*Non decet, imo dedecet*" war noch wirksamer. Ganz bös wurde es, wenn er ausrief: „*Quo usque tandem!*" Dabei rieb er sich heftig beide Augen. Ein häßlicher Zug der Jugend ist es, die Schwächen eines Älteren auszunützen. Großmann war schwerhörig, und ich schäme mich eigentlich jetzt noch, daß ich es nicht anders als meine Mitschüler machte und davon profitierte. Während der Stunden glich die Klasse einem summenden Bienenschwarm, der zu solchem Kreszendo anschwoll, daß Großmann es schließlich merkte. Ein schmerzlicher Zug war auf seinem Gesichte deutlich zu erkennen, einmal über sein Leiden, dann über unsre Frechheit, daß wir dieses Leiden zur Verletzung der Ehrfurcht, die er verdiente, mißbrauchten. – Ja, Ehrfurcht! Von Jugend auf wurde mir diese wichtigste Tugend des Menschen ans Herz gelegt, und das Kapitel in Goethes Wanderjahren, worin von der dreifachen Ehrfurcht die Rede ist, möchte man jetzt in allen Schulen der heranwachsenden Jugend mahnend vorlesen. Wenn man hört, daß Mädchen am Karfreitag auf Tanzvergnügen gehen und daß sie auf die Frage, ob sie nicht wüßten, was für ein Tag es sei, antworten: „Das ist doch ein Sonntag wie jeder andre," wenn man das hört – und man kann noch Schlimmeres vernehmen – dann sieht man, wohin man gelangt, wenn man der Ehrfurcht den Rücken kehrt. Großmann war der größten Begeisterung fähig; selbst über Klopstocksche Oden vermochte er Tränen zu vergießen, und das will viel heißen. Als er an einem schwülen Nachmittag merkte, daß die Hitze die Gehirne seiner Schüler nicht gerade belebte, hieß er uns die lateinische Arbeit beiseite legen und las uns Tiecks „Blonden Egbert" vor.

Außer für Großmann empfand ich besondere Verehrung für unsern gütigen Religionslehrer Nägelsbach. Ich fürchte, daß ich dem armen Mann manches Kopfschütteln verursachte, denn seinem Gesichte war das Staunen über das, was ich zum Beispiel aus dem Alten Testamente nicht wußte, deutlich anzusehen. Mit Religionsunterricht war ich als Kind wenig, ja kaum geplagt worden. Nur das Leben des Heilandes kannten wir. Das Alte Testament wurde uns ganz fern gehalten. In dem Schulreligionsunterricht wurde aber damals (ich weiß nicht, ob es jetzt noch so ist) besonderes Gewicht darauf gelegt; ich stand daher mit meiner Unkenntnis sehr allein und wurde von den Mitschülern verlacht.

Im Jahre 1889 bestand ich das Abiturientenexamen. Eines Erlebnisses aus jener Zeit möchte ich noch hier gedenken, weil es auf den damals Siebzehnjährigen nicht ohne Eindruck blieb. Es war an einem Dezembermorgen früh zwischen sechs und sieben Uhr, da trat unser Diener an mein Bett und meldete mir, eine Dame sei im Salon und wünsche mich zu sprechen (meine Familie war verreist). Ich, sehr erstaunt, wer mich zu dieser sonderbaren Stunde aufsuchen möge, kleidete mich schleunigst an und eilte hinab, um meine Neugier zu stillen. Da stand vor mir eine große, schöne, vornehme Dame, von den Festspielen her mir bekannt, in eleganter Theatertoilette, in einen Abendmantel gehüllt; sie ging mit weitgeöffneten Armen auf mich zu und rief: „Lieber Siegfried, ich bin gekommen, um Ihnen den Bruderkuß zu geben, der die Welt erlöst!“ Ich stand so verdutzt da, daß sie es wohl merken mußte und vorderhand von ihrem Vorhaben abstand. Wir setzten uns nun, und aus dem folgenden Gespräche enthüllte sich mir allmählich das Rätsel. Die arme, gutmütige Frau war in die Hände eines Hypnotiseurs gefallen, der ihr suggeriert hatte, an einem bestimmten Tage das auszuführen, was sie nun von mir begehrte. Sie war abends im Dresdener Theater gewesen, erzählte mir noch, wie anders jetzt Schuch dirigiere, seitdem sie ihm den Bruderkuß gegeben habe, und wie anders sich jetzt die Menschen küssen – da plötzlich habe es ihr keine Ruhe gelassen, sie sei mitten im Tristan aufgestanden, zur Bahn geeilt, und nun sei sie hier, so wie sie gestern im Theater gewesen sei. Zu Wolzogen wolle sie ebenfalls, um auch ihm den Bruderkuß zu geben. Ob sie bei ihm mehr Glück hatte als bei mir, weiß ich nicht zu sagen. Um ein Uhr brachte ich sie an die Bahn. Einige Wochen später erhielt ich einen Brief ihrer Schwester, worin sie mich bat, ihr zu erzählen, was vorgefallen sei. Man habe nämlich ihre Schwester in eine Irrenanstalt gesperrt. Auf Grund meines Briefes wurde die arme Frau daraus gerettet und aus den Händen eines Schwindlers befreit. Sie war mir später immer dankbar für mein Eintreten, und innige Freundschaft verband uns bis zu ihrem Tode.

Bevor ich nun das architektonische Studium begann, ging ich ein Jahr als Schüler zu Engelbert Humperdinck. Meine Mutter hatte wahrgenommen, daß neben dem Hang zur Architektur ein starker Trieb zur Musik sich in mir bemerkbar machte. Nur um zu prüfen, ob diese Begabung wirklich groß genug sei, und um nichts zu versäumen, riet sie daher zu diesem Probejahre. Sie hatte in richtiger Erkenntnis seines hohen Könnens, zugleich aber auch in Erkenntnis seines seelenguten Wesens den Meister der Kontrapunktik Humperdinck gewählt, der ihr ja seit 1880 bekannt war und den wir Kinder alle herzlich liebhatten. Der leider jetzt uns durch den Tod Geraubte blieb uns stets einer der trautesten, sympathischsten Freunde. Wie gern sah man in seine vergißmeinnichtblauen Augen; wie heiter stimmten uns seine neckischen Wortspiele, aber auch seine Zerstreutheit und sein traumverlorenes Wesen! Sein Zuspätkommen war sprichwörtlich geworden. Selbst den Papst hat unser Freund einmal eine halbe Stunde lang in den vatikanischen Gärten warten lassen, das heißt, der Kirchenfürst wartete nicht auf den Audienzbedürftigen, sondern unser Freund hatte das Nachsehen. Er war der Deutsche, wie er im Märchen steht. Als er mich einmal fragte, ob ich nicht einen guten Operntext für ihn wüßte, sagte ich ihm, er solle sich nur selber komponieren, das gäbe das beste Märchenspiel. Mit seinem Schüler Siegfried war er zufrieden, ja so zufrieden, daß er meiner Mutter schrieb, er glaube bestimmt, daß die Musik die Architektur verdrängen werde. In diesem eigentümlichen, zwischen zwei Berufen schwankenden Zustande bezog ich im folgenden Jahre für zwei Semester das Charlottenburger Polytechnikum, darauf ein Semester das Karlsruher.

Was mich nach Karlsruhe zog und dann bald die Wendung herbeiführte, war nicht mehr die Architektur, sondern war Felix Mottl. Hatte ich schon während meines Berliner Aufenthaltes musikalische Eindrücke durch die von Hans v. Bülow geleiteten Konzerte gehabt – ich schätze mich glücklich, seine Interpretation der Beethovenschen Symphonien und der verschiedenen Vorspiele meines Vaters noch kennengelernt zu haben –, so fachten die Aufführungen in Karlsruhe immer stärker die Sehnsucht nach dem Musikerberufe an. Mottl dirigierte die Werke meines Vaters mit ebenso hinreißendem Schwunge wie Mozart und Weber. Durch seinen magnetischen Zauber wurden selbst spröde Werke, wie die Berliozschen, vorübergehend warm. Unvergeßlich bleibt mir die szenische Aufführung der heiligen Elisabeth, bei der meine Mutter Regie führte und Mottl dirigierte. Auf der bald nach dem Karlsruher Aufenthalt erfolgten sechsmonatigen Reise nach Indien und China – es war, wie ich mich noch gut entsinne, nach einer stürmischen Nacht am Ostermorgen – faßte ich den Entschluß, der Architektur Valet zu sagen und mich ganz der Musik zu widmen.* Die Neigung zur Architektur mußte fortan sehr in den Hintergrund treten, ganz unterdrücken ließ sie sich nicht. Ja, diese Kunst half mir später, wenn ich zu Dekorationen Entwürfe machte, und vielleicht kann man es auch den verschiedenen Vorspielen zu meinen Opern, ja, selbst meinen Dichtungen anmerken, daß dem Verfasser Sinn für Architektonik innewohnt. Mein Entschluß weckte helle Freude in Wahnfried. Konnte doch jetzt meine Mutter hoffen, daß ich dereinst die Leitung der Bayreuther Festspiele übernehmen könne und daß die Worte meines Vaters an Pusinelli sich bewahrheiten würden: „Siegfried Richard wird seines Vaters Namen erben und seine Werke der Welt erhalten." Besonders erwähnen muß ich, daß meine Mutter mir gegenüber nie den Wunsch geäußert hatte, ich solle Musiker werden. Sie sah ruhig, ohne jede Beeinflussung, meiner Entwicklung zu. Die Behauptung, ich sei von ihr zum Musikerberuf gezwungen worden, konnte daher nur von jemand aufgestellt werden, der sie nicht kannte.

---

* Vergleiche Seite 48

Jene Reise unternahm ich damals auf Einladung eines mir sehr befreundeten jungen Engländers, Clement Harris, der gleichzeitig mit mir in Frankfurt Musik studierte. „Wakefield" hieß das Kauffahrteischiff, das uns von London über Gibraltar (mit einem Abstecher nach Granada), Port Said direkt nach Singapore trug, von dort weiter über Saigon nach Hongkong, Kanton, Makao, den Philippineninseln und zurück über Zeylon nach Neapel, unvergeßliche Eindrücke, die ich in einem ausführlichen Tagebuche wiederzugeben versuchte. Da ich während der ganzen Reise nur mit Engländern in Berührung kam, hatte ich Gelegenheit, dieses Volk kennenzulernen und mich davon zu überzeugen, wie gemütlich, humorvoll und taktvoll sie sind, solange sie als Menschen und nicht als Politiker sich zeigen. Ich will im nachstehenden einige Auszüge aus dem erwähnten Tagebuche geben, weil sie gut die Wirkung dieser Weltreise auf mich damals Dreiundzwanzigjährigen veranschaulichen.

Tagebuchaufzeichnungen

In Spanien

Dienstag, 16. Februar 1892.

Früh um ein Viertel fünf Uhr weckt uns der Steward: „Gibraltar, Sir." Wir beide sind furchtbar faul, müssen aber auf. Es regnet warme Tropfen. Im Zwielicht erblicken wir den imposanten Felsen und unten an ihm die Lichter der Stadt. Wir frühstücken mit mehreren Mitlandenden, nehmen von den andern Abschied und beglücken durch Trinkgelder. Was für liebliche Gesichter so eine dumme Münze doch hervorzubringen vermag! – Ein kleines Boot nimmt uns auf, um nach der Stadt zu fahren. Während des Trajekts wird es wilder und regnet mehr, so daß wir da zum ersten Male hätten an Seekrankheit glauben können; aber die Küste war zu nah. Alles hier ist englisch; und der Kontrast des Südlichen und Nördlichen unglaublich. Am Customhouse hatten wir keine Schwierigkeiten. Die Befestigungen sind kolossal; doch davon erst nachher; zunächst fuhren wir nach dem Hotel Royal, zuerst an Palmen und Rosen vorbei, dann durch die enge Hauptstraße mit einem ganz italienischen Leben. Das Hotel ist etwas betrügerisch. Wir machten uns gleich auf, erst zum Telegraph; dann geht das Obstessen los, himmlische Orangen, Bananen, Mandeln, Nougat und so weiter. Wir suchten Mr. Smith, Agent der London Coal

Company auf, der sehr freundlich sich unsrer annahm, uns eine Entree zu den Galerien (siehe unten) verschaffte; wir besprachen auch den Plan nach Granada. Von ihm aus gingen wir zum Tor hinaus, in die Anlagen, welche den Norden mit der Südspitze der Halbinsel verbinden. Der erste Anblick, links vom Tore, war ein alter Friedhof englischer Krieger aus den neunziger Jahren des vorigen Jahrhunderts, das ergreifend Schönste an Stimmung der trauernden und versöhnenden Natur: Heliotropenbüsche, Pinien, Zypressen, Palmen und frisches Grün, dazwischen gelbe Rosen, vom hellsten Sonnenlichte bis zum dunkelsten, fernsten Schatten. – Ganz beglückt, wie neue Menschen, in beständigen Ausrufen, fast heulend, immer bald hierhin bald dorthin blickend, gehen wir weiter in die unbeschreiblich üppigen Anlagen; der ganze, fast unheimlich sinnliche Zauber der südlichen Natur bricht hier los auf einem nicht großen Raume. Entzückende duftende Blüten allenthalben, glühende Orangen, leider schon verblühte Aloes und so weiter, viele Palmen! Wie viel dachte ich an das südliche Italien, das ich gerade vor zehn Jahren zum letzten Male sah. Die Sonne brennt tüchtig; der Blick auf die Bucht ist großartig; fern im Norden wildzackige Berge, auf der afrikanischen Seite mehr ruhige stolze Linien.

Um zwei Uhr machten wir uns zu einem großen Marsche auf, mit unsern neuen englischen Strohhüten, unter denen wir uns unwiderstehlich dünkten. Auf kleinen, ganz neapolitanischen Kraxelwegen, die aber, dank den Engländern, sehr sauber sind und die unglaublichsten Namen führen: Queens Street, Engeneer Road und so weiter, wanderten wir den Berg hinauf bei wundervoller Knallsonne, soweit es erlaubt ist; denn oben ist alles befestigt und unzugänglich. Wir kehrten um und gingen in die Galerien, meilenlange, in den Felsen gehauene Gänge mit Öffnungen in Entfernungen von zehn bis zwanzig Metern, in welchen die Kanonen stehen; ich durfte mich nicht als Deutschen kundgeben, da nur Engländer Zutritt haben. Eigentlich interessieren mich diese brutalen Dinge gar nicht, und die Millionen, welche die englische Regierung dafür ausgibt, könnten besser angewendet sein; Gladstone stimmt sehr für Aufhebung der ganzen Kolonie; gesprengt wurden diese Galerien im Jahre 1788 und 1798 von den Sträflingen. Schön ist die Aussicht nach Norden über die schmale Landenge, wo ein öder breiter Streifen die Grenze der Kolonie bezeichnet, nach den schönen fernen Bergen; unten links am Meerbusen liegt ein spanischer Ort mit großem Stierkampftheater, rechts, direkt unten die Friedhöfe der Engländer, Italiener (?) und Juden, denn deren gibt's tüchtig viele, recht unangenehme; wogegen die Mauren in ihren pittoresken Kostümen einen guten Eindruck machen. Von dort kehrten wir in die Stadt zurück, in ein Café, dann an zwei english Churches vorbei, an die Südspitze des Felsens; herrlicher Blick ins Mittelländische Meer und nach Afrika. – Der Heimweg göttlich, durch einen mächtigen Pinienhain; der Schuß vom Felsen kündet Sonnenuntergang an und hallt brüllend an den fernsten Felsen wieder. Wie glücklich fühlen wir uns, wie gesund und frisch ermüdet. Kaum im Hotel, erhalten wir die Nachricht, daß wir vollauf Zeit haben, nach Granada zu reisen; gegessen, gepackt, gezahlt, gegangen, und hinübergefahren zu dem französischen Dampfer „La ville de Barcelone" von der Companie transatlantique; obwohl das Schiff nicht so hübsch und sauber ist wie die englischen, so freute mich doch sehr, wieder das liebe Französisch zu hören; es klingt doch viel hübscher als das Englisch. – Alle Sprachen wirren hier durcheinander; selbst ein paar Deutsche machen sich mit unangenehmem Gequatsch breit und hindern uns am Schlaf, was wir ihnen sehr übelnehmen; denn wir sind furchtbar müde und legen uns sofort, jeder in seine Kabine. Wie herrlich schliefen wir!

Mittwoch, 17. Februar.

„Malaga, Monsieur," tönt's um halb sieben Uhr; auf, angezogen und gefrühstückt (die Fahrt kostete achtzehn Franken *à* Person). – Jetzt sind wir im eigentlichen Spanien; eine namenlose Bande von Schiffern an Bord, um uns überzusetzen. Am Lande wurden die Koffer ganz bis zum Grund untersucht, sogar in die Taschen langen sie, die Fanulluonegesellschaft; hätten wir den Lumpen einen Eskudo gegeben, so wären wir frei passiert, aber wer denkt gleich an solche Gemeinheit bei einer Behörde!

Malaga liegt sehr schön da, umgeben von etwas kahlen Bergen, ganz modern, an Neapel erinnernd, mit einer Unmenge von Bettlern und frechen Lausbuben, die einen verfolgen. Wir gingen ins Hotel de Rome, frühstückten, lasen Figaro und Frankfurter Zeitung, um an der Quelle französischen und germanischen Geistes uns zu laben, gingen darauf in den Dom, der an und für sich plump und kalt ist, aber mich doch interessierte durch spanische Eigenheiten: zum Beispiel ist das Innere eine mächtige Hallenkirche (siebzehntes oder achtzehntes Jahrhundert) mit Chorumgang, antiken (korinthischen) Säulenbündeln und dem Chor mitten in der Kirche (wie in den Fraris). – Sonst ist in der Stadt nichts zu sehen. Um ein Uhr fuhren wir mit der Bahn nach Granada. – Die Fahrt dahin (siebenundzwanzig Franken) ist wundervoll und einzig in ihrer Art. – Nach einer halben Stunde Entfernung von dem Meere beginnt der Zauber der Vegetation sich aufzutun: von fernen zackigen Bergen geschützt, blühen in üppiger Pracht Mandelbäume, Orangen, Eukalyptusbäume, überall strecken sich die frechen Kakteen entlang, und schlank überragt alle die einzelne Palme. – Ich drohe poetisch zu werden! Nur nicht das; da wird man so leicht ridikül, wenn man sich wieder liest! Unerhört ist die Kraft der Farbe; der Himmel wie ein echter Böcklin. – Immer kühner wird's umher, bis die Berge drohend nahen mit furchtbarer Schroffheit und öder Kahlheit; die Pracht schwindet; nur kleine, struppige Stechpalmen bleiben zurück; die Bahn steigt energisch; das Bild wird furchtbar, erschreckend und großartig. Es ist die Sierra Nevada, welche hier beginnt; je weiter wir nach oben kommen, desto merklicher wird die Abnahme der Temperatur. – Jetzt fahren wir um einen Felsen herum, der auf der einen Seite wie Mama und Weber aussieht, auf der anderen vollständig wie Goethe im Alter. – Es dunkelt und wird regnerisch. Wir schmatzen ein kleines Huhn zusammen, Orangen und Äpfel, machen die dümmsten Witze und schlafen schließlich ein. Da wach' ich plötzlich auf – es geht mir was im Kopf herum! Evas Geburtstag. – O ich Schafskopf! – – – Als ich wieder eingeschlafen bin, rüttelt uns der Ruf Granada auf. – – – Es regnet! Wie schade. Wir fahren durch die Stadt nach dem Hotel hinauf, welches zwei Minuten von der Alhambra entfernt liegt; gegessen und zu Bett. Das Hotel „Roma" ist sehr nett, ganz italienisch, Pension zwölf Franken pro Person.

Donnerstag, 18. Februar.

Es regnet etwas, hört aber später auf; leider kein blauer Himmel; wir sind fast allein im Hotel; nehmen einen etwas Englisch sprechenden Führer und gehen hin, ja wir gehen hin und hinein in das größte steinerne Wunder der Welt. Mit keinem Gefühle, das ich je empfunden der Kunst gegenüber, kann ich das vergleichen, welches mich überkam, als ich in die Hallen der Alhambra trat; mir war's, als führte mich eine Hand über Raum und Zeit hinweg vor ein Traumgebäude, in dem ich nicht sprechen, nicht atmen, nicht gehen durfte, ein einziger Laut zersprengte das Gebilde und ich erwachte in einem trüben nordischen Zimmer. Ist es erhaben? Ist es lieblich? Ist es großartig? Ist es heimlich? Nichts will passen! Auch nicht fremdartig; der Begriff Stil, Gesetz, Symmetrie, Eurythmie, all das bleibt mir fern, und doch ist alles Gesetz und Harmonie. Üppig, schwelgerisch reich, und doch einfach, klein und groß, phantastisch und doch fast arithmetisch! In vielen Farben schillernd und doch aus *einem* Ton! Die Architektur durchbrechend, überschreitet's doch keines ihrer Gesetze. Es ist ein Wunder, das mich umgibt, und ich kann eigentlich nicht reden und schreiben darüber, wie über alles Unantastbare; gewiß ist es der größte und seltenste Eindruck, den die bildende Kunst ausüben kann.

Nicht die Friese des Parthenons oder der Tempel in Pästum, nicht die Markuskirche oder irgendwelches Gebäude vermag wohl das, was dieses vollbringt: mit einem Zauberschlage uns ganz in die entschwundene Zeit einer großen Kultur zu versetzen, uns die herrlichen Wohlgerüche, die gewirkten Seidengewänder, die lieblichsten Frauen ahnen zu lassen, wie sie in Tausendundeine Nacht so wundersam auf uns wirkten.

Zwei greuliche Amerikaner und Deutsche machten uns fast zu Mördern vor dieser himmlischen Welt; wir baten die Führer, uns zurückzulassen und diese elenden Tropfen vorantrotteln zu lassen. Wie haßt man doch in solchen Stimmungen die rohe Stimme des eindrucksunfähigen Neugierigen; hätte das Bellen eines Hundes, ja, das Grunzen eines Schweines uns stören können? Sicher nicht. Wir blieben den ganzen Vormittag dort, von einem Staunen und Entzücken ins andere geratend. – Ungehörigerweise hat Karl V. gerade neben der Alhambra einen großen (nicht einmal vollendeten) Palast errichtet in plumpem Hochrenaissancestil, und zwar so nahe, daß er auf den Patio de los Arrajanes und den Löwenhof tölpelhaft drückt. Ein Verdienst desselben Kaisers dagegen ist es, in feiner Weise restauriert und manches daher vor Verfall gerettet zu haben. Die Führer finden natürlich das Interessanteste am ganzen Bau die Zimmer, welche Washington Irving bewohnt hatte.

In Singapur

Sonnabend, 26. März.

Heute sind wir im New-Harbour von Singapur, fünf englische Meilen von der Stadt selber, angelangt. Ein weicher Duft erfüllte die Luft, die, kaum sich regend, alle Bäume erwartungsvoll starr schweigen ließ, als harrten sie eines Winkes, um die tropischen Regentropfen aufzuschlürfen. Der Hafen ist von der Natur durch sanfte, dichtbewaldete Hügel umgeben, und die Einfahrt ist ziemlich schmal. Ein blöder kleiner Launch sauste uns entgegen; mich wundert's, daß so ein dummes Ding sich nicht geniert vor den sanft gleitenden chinesischen Dschunken mit ihren siebenrippigen Segeln und kauernden nackten Fahrern. – Der Wakefield ankerte nahe am Eingang an dem Landungsperron, wo eine Masse von Chinesen und Malaien standen und guckten, während einige Engländer sich recht albern ausnahmen in ihren Helmen und mit ihrer wichtigen Miene. Möchte doch wissen, warum immer solch ein langes Getue vor dem Landen ist? Alles ist fertig, und doch hat noch jeder zu schimpfen und zu ändern. – Wir frühstückten schnell und zogen unsre weißen Leinenanzüge an; währenddessen kamen chinesische Schneider, Korallenhändler, Obstleute und so weiter ans Schiff und boten feil. Ich mag sie gern, die Chinesen; sie sind so ruhig, fein in ihren Bewegungen; sie stoßen einen nie auf der Straße, selbst beim größten Gedränge, sie lachen freundlich, wenn man ihre kleinen Läden ansieht, und einen Eifer haben sie, wenn's der Arbeit gilt, der sie ganz den Ameisen gleichstellt. Hübsch sind nur wenige unter ihnen. Viel schöner sind die Malaien und die Hindus, mit ihren höheren, schlanken Gestalten, wundervollen Augen und feiner Nase, tiefbraun, fast rötlichblau schimmernd, wenn sie transpirieren, auf dem Kopf und um die Hüften ein weißes Tuch, sonst ganz bloß. Die Bewohner der Inseln wie Java und Sumatra sind unentwickelter und häßlicher. –

Wir machten uns fertig und gingen mit dem Kapitän ans Land, alle drei weiß wie drei Stückchen Zucker, und nahmen die Tramway nach der Stadt. Was war das für ein Eindruck! Es war zuviel auf einmal! Die heiße Erde ist ganz rot; und wunderbar heben sich davon die schlanken üppigen Palmenwälder, die Bananenhaine und all die unglaublich schwelgende Vegetation ab, die überall herausbricht und alles „wütend umschlingen" will. Wie mußte ich da an den zweiten Akt Parsifal denken, wie viele Lauben der Kundry erschienen mir, und als ich die unheimlichen gelben Blüten mit ihren langen Glocken sah, glaubte ich ein Blumenmädchen schmeicheln zu hören. Und dazu die chinesisch-malaiischen Dörfer, so leicht auf den Pfählen gebaut, meistens über dem Sumpf, der vom Meere durch Dämme getrennt ist; alles aus Holz und das Dach mit dürren Palmenzweigen gedeckt. Eine kurze breite Leiter führt hinauf zum offnen kleinen Vorplatz, wo die Waren zum Verkaufe liegen, all diese kleinen Eßsachen, Reis, Sago, Bananen, Ananas, Joß (Räucherstengel), Fische und so weiter, und hinten im Zimmer sitzen die Männer auf dem Boden, meistens faulenzend, rauchend, Reis essend, Tee trinkend, sich ihren halben Kopf rasieren lassend, den Zopf flechtend, ihre Ohren mit einem kleinen Pinsel putzend; dies letztere ist eine wichtige Aktion, und sie schneiden unglaubliche Grimassen dazu. So fuhren wir weiter, Mund, Nase, Augen und Ohren öffnend nach allen Himmelsrichtungen und uns puffend und zwickend vor Freude und Staunen an dieser ganz neuen Welt. Wir gelangten in die Stadt, und zwar nach dem europäischen Viertel, um zu den Agenten Paterson zu gehen. Dann ging's zum Telegraph, von da zu einem Malaien, den der Kapitän kannte. Eine merkwürdige Sitte beobachtete ich da;

ein älterer Mann, wahrscheinlich Priester, trat herein, gab den Hausbewohnern die Hand, doch nicht wie wir, worauf jene die ihrigen, er die seinige küßte und wieder fortging. Wir lunchten bei Emerson, großem deutschen Restaurant mit Lesezimmer und Billards im ersten Stock; die Punkos (zum Kühlen) wehten von der Mitte des Raumes hin und her schwebend herab und wir aßen mit riesiger Lust; besonders herrliche Gemüse, Eislimonade; die Speisen, obwohl europäisch zubereitet, haben alle einen milden chinesischen Beigeschmack, und die Portionen sind so niedlich klein und zierlich, wie ihre Tassen und Töpfchen; dabei servieren die Chinesen in weißen Röcken, barfuß, so schnell und ruhig, daß es eine Wohltat ist, wenn man dagegen an unsre Tellermazeppas von Kellnern denkt! Nachmittags wanderten wir durch die amüsanten Straßen und kamen an einem chinesischen Tempel vorbei, der uns sehr interessierte. Interessant ist es, den Grundriß mit dem der Buddhatempel zu vergleichen, welche letztere die direkte Vorstufe zu der altchristlichen Basilika bilden. Nachher gingen wir in ein Restaurant, lasen alte Zeitungen und fuhren bald heim zum Schiff in den kleinen Jinrickschas, von chinesischen kräftigen Jungen so schnell wie von Pferden gezogen; wir scheuten uns anfangs, zu zweit uns hineinzusetzen, doch da alle es tun, so taten auch wir es, und der Junge fuhr uns wirklich die fünf Meilen hinaus. In der Nähe des Schiffs trafen wir den Kapitän und *first mate*, mit welchem letzteren wir nochmals in die Stadt zu Fuß gingen. Die Straßen sahen einfach entzückend aus: wimmelnd von Chinesen, die wandern, kauern, trinken, rauchen, essen – auf den Straßen stehen dichtgedrängt rechts und links kleine Ständer mit bratenden, kochenden unglaublichen Cochonnerien; hinten in den offenen Zimmern der Häuser, wo an der Rückwand der bunte Hausaltar steht mit dem brennenden Joßstick und den Öllämpchen, sitzen an den zwei anderen Wänden entlang Chinesen, kaum bekleidet, und schwätzen. An einer andern Seite, von vielen horchenden Chinesen umgeben, liest ein älterer Chinese mit Brille bei einer Öllampe endlose Märchen vor, und keiner regt sich; die schönen Malaien und Hindus halten sich ruhig zurück in ihren dunkleren Straßen. Frauen sieht man nie auf der Straße, besonders am Tag; dagegen erscheinen sie abends in ihren gesonderten Wohnungen, auf ihrer Veranda vor der Haustüre, und besondere Straßen sind für die Leichtfertigeren bestimmt, die mit Geschrei und Gezerr am Arme die Vorbeigehenden, besonders die Europäer, anlocken; besonders gewandt sind darin die kleinen Japanesinnen, die wieder in einem besonderen Viertel wohnen. – Erst gegen zwölf Uhr fuhren wir nach dem Schiff zurück und hatten eine ziemlich schlechte Nacht durch die frechen Moskitos.

Sonntag, 27. März.

Knallhitze; wir schmatzen beständig Ananas und Bananen und fühlen uns herrlich. Vormittags gingen wir zwei in der entgegengesetzten Richtung der Stadt auf einer herrlichen roterdigen Landstraße spazieren und schrien vor Wonne über die Vegetation, über die himmlischen Palmen, und wir wünschten uns eigentlich einige Schlangen, um uns vollständig tropisch zu fühlen; es gibt auch welche, doch weiter entfernt von den Menschen. Wir wandelten immer weiter, begegneten vielen Chinesen und Malaien und kamen endlich zu einer großen Kokospalmenpflanzung, der Besitzung eines reicheren Chinesen, die auf der andern Seite durch das Meer begrenzt ist; dort ist auch seine Wohnung, aus welcher verrückte Tamtammusik tönt; alles ist sehr rein, auch das kleine Dorf unter den Palmen, wo seine Untergebenen wohnen. Wie schade, daß die Chinesen, wenigstens hier, ihre originellen Wohnungen mit häßlichen europäischen Artikeln entstellen; die guten Kerle hängen ja sogar Bier- und Nähmaschinenannoncen als Schmuck an ihre Wände. Wir baten den Besitzer um Wasser und gingen dann zum Schiff zurück, wo wir lunchten. Nachher malten wir bis gegen fünf Uhr, um dann mit dem hyperpraktischen Kapitän nach dem fernen Botanischen Garten zu fahren. Eigentlich, und noch besonders in solchen Ländern, liebe ich solche Gärten gar nicht; doch ist dieser so schön und reich, daß wir uns wirklich daran freuten. Interessant sind die insektenfressenden Pflanzen mit ihren unheimlichen violetten Säcken, in denen sie die Gerippe der Insekten aufheben; sind dieselben bis oben voll, so stirbt die Pflanze, doch geht nichts verloren, denn die Gerippe bilden den Dünger für die kommende Pflanze. – Von fern ertönte englische Militärmusik, scheußliche Walzer spielend. Der Kapitän brannte, dahin zu gehen, doch war's zu spät, denn das „*God save the Queen*" erklang, und wenn die Queen an die Reihe kommt, dann hört der Spaß auf. Wir speisten zu dritt im Hotel de la Paix, wohin wir am folgenden Tage ziehen, bummelten noch in der Stadt und fuhren dann zum Schiff. Wieder scheußliche Nacht durch die elenden Mücken!

Montag, 28. März.

Sehr heiß und drohendes Gewitter. Die Europäer trinken rasend viel Bier, was mir unbegreiflich ist, ich bin glücklich mit Tee und Limonade und hasse diesen ewigen Wisky und Brandy.

Dienstag, den 29. März.

In den Straßen gebummelt. Der Morgen ist vielleicht noch lustiger wie der Abend: vom Lande kommen die frischen Gemüse, die Bananen, Ananas, Mangostane, Limonen in Bündeln herein und verteilen sich in die Läden. Vom Meere her laufen und schreien die Fischer und bringen die Ware den Händlern, die sie gleich zerteilen und in ihre dampfenden Töpfe werfen. Die Straßen sind wirklich ziemlich sauber, und nur dazwischen, wenn etwas widerliche Läden kommen, muß man seine Nasen fest zustopfen. Wir kamen in den Südwesten der Stadt zu dem Hindutempel, den wir gestern gesehen, und diesmal glückte es uns hineinzukommen. An und für sich ist es ein schlechtes Exemplar, doch ist die Anlage dieselbe wie bei den großen alten in Indien: Als Eingang eine Pagode (in drei Etagen), dann eine offene, dem Schiff des Tempels entsprechende Vorhalle, die rechts und links in den Hof führt, der den eigentlichen Tempel umgibt. Das Innere ist dreischiffig, mit dem spitzen indischen Klostergewölbe; im Hofe rechts hinten steht eine kleine Kapelle mit reizender bunter Kuppel, deren vier auch auf dem Ende des Tempels aufgesetzt sind; in der Kapelle ein unglaubliches Götzenbild Buddhas, ebenso auf der linken Seite, in den Wohnungen der Priester. In das Innere des Tempels darf man nur barfuß, so daß wir also den eigentlichen Altar nicht sahen. – Wir frühstückten dann im Hotel, sehr viel, himmlischen Tee von einem Dufte, wie ich ihn nie getrunken. Die Chinesen servieren so nett! So ruhig und beflügelt. Die Deutschen im Hotel sind greulich, lärmig und affenartig! Und da wollte einer noch Darwin widerstreiten, wenn man diese Gesellschaft sieht, die gleich auf den Bäumen herumklettern könnte.

Wir promenierten an der schrecklichen englischen Kirche vorbei nach dem Südosten der Stadt, zuerst dem Hafen entlang auf einer schönen breiten Straße, wo Kommiskorso stattfindet und einige Betrüghotels liegen, dann weiter durch die chinesische Vorstadt. In einer Seitengasse links liegt ein buddhistischer Tempel, häßlich, ganz modern; doch erklang aus ihm ein feierlicher Massenton, und wir konnten sehen, wie die Hindu und Malaien den Boden küßten, Verbeugungen machten, aufstanden und so in einer geregelten Ordnung fortfuhren, dazwischen ihren Dreiklang ertönen lassend. Wir schauten vorn zu an dem Eingang, wo all ihre Schuhe nebeneinanderlagen. – Nach dem Diner gingen wir in die Stadt und verloren uns wieder in die reizenden Gassen. Ein Mordsradau aus der Ferne lockte uns an; es war ein chinesisches Theater, auf der Straße; die Bühne in einem kleinen Hause, ziemlich erhöht und furchtbar eng und niedrig. Lampions, bunt durcheinander, erleuchteten die verrückt gestikulierenden Aktoren. Rechts in der Ecke ist das elende Radauorchester aufgestellt mit seinem rasenden Lärm und falschen Harmonien, bestehend aus Tamtam, Becken, einem als Pauke dienenden Holzgefäß, das wie ein alter Topf klingt, einer Art Englischhorn und mandolinenartigen zweisaitigen Instrumenten. Die Handlung besteht aus Gebärden, Körpersprüngen, die besonders grotesk bei einem Manne ausfallen, dessen Name – als ständige Figur – wie der Pulcinello – mir bisher unbekannt ist. Er sieht so namenlos blöd aus mit seinem weißen Bart, scheußlicher Maske, ruderartigen Löffeln rechts und links am Kopf herausstechend, und seine Tanzgebärden sind noch blöder! Er macht seine Rondos, geht dann auf die Seite, dann kommen zwei oder vier Mädchen und führen einen Tanz aus, mehr aus Handbewegungen bestehend, sie knien nieder und neigen den Kopf zur Erde – die Musik pausiert einen Augenblick – die eine spricht oder schreit vielmehr zwei unverständliche Worte – die Musik pumpert wieder, und nun erfolgt ein kleiner Umzug mit roten Fahnen auf der engen Bühne. Von den Frauen hat eine einen langen weißen Bart als Maske. Nach dem Umzug kommt wieder der Urblöde – und dasselbe beginnt von neuem – und endet wohl nie, außer wenn die Armen von Hunger, Schlaf und Durst ermattet sind. – Die Straße war vollgestopft von Chinesen, und die Luft war etwas zu luftlos, als daß wir es hätten länger aushalten können.

Freitag, 1. April.

Nach dem Luncheon nahmen wir einen Wagen mit munterem Pony und intelligentem Malaienkutscher und fuhren nach den Whampoagärten. Es war dies wohl der höchste Eindruck, den Natur bis jetzt auf mich gemacht. Das Zauberische und doch Trauliche ergoß sich über all diese Blumen und Sträucher, die einen so berückenden, immer neuen Duft ausatmeten, daß es uns fast schwindelig vor den Augen wurde. Doch das schönste waren die Lotos, die noch teilweise blühten und wie höhere Wesen, wie rätsellösende und doch sie nicht verkündende Traumgeister, wie matte, Krischna ersehnende Indierinnen über dem Wasser sich öffneten und in ihrem Blatte die Tränen des nach ihnen mit heißer Leidenschaft verlangenden Himmels zu großen lachenden Perlen verwandelten. Die Farbe der Blumen ist hellrosa, und haben nicht das Befremdende, ja Starre und Wilde, das die andern Blumen meistens hier haben. Das Blatt schimmert graublau, auf der unteren Seite etwas ins Violett gehend. Das Volk, welches solche Blumen hat, kann wirklich nicht anders als schön dichten! – Ich glaube, die Engländer fänden die Gärten häßlich; denn sie sind wenig gepflegt, und es sind auch keine sogenannten Anlagen; es sind einfache quadratische oder rechteckige Gärten, die verschiedenen Chinesen gehören, deren jeder in dem seinigen sein Häuschen stehen hat, doch sind sie verbunden durch reizende kleine Wege, und es trennt sie nur ein dünner Kanal oder eine blühende Hecke; gerade in dieser Ungepflegtheit und in dieser echt chinesischen, auf das Niedliche trachtenden Anlage liegt der erhöhte Reiz, und die Blüten duften nur noch süßer, und ihre Farben strahlen nur noch voller und mächtiger, weil sie nicht beständig gelangweilt werden durch die philiströse Schere. Ein Gang besonders beglückte uns, eine Art schmale Allee jener dünnstämmigen, schlanken Palmen mit ihrem kleinen originellen Büschel an der Spitze; am Ende liegt eine Bauernhütte, rechts und links hübsche grünlichblaue Blumentöpfe mit blühender Pracht, und immer dazwischen, wo Wasser ist, träumt der Lotos, und wir müssen jedesmal wieder stillstehen, um seinen träumenden Gesang zu hören. So wanderten wir lange umher und konnten nicht genug Farbe und Duft in uns aufnehmen. Wir müssen noch einmal hingehen. – Die Heimfahrt war auch wieder etwas Unbeschreibliches; wir nahmen einen andern Weg wie bei der Hinfahrt und fuhren an Seen vorbei, in denen ganze Dörfer von Malaien liegen, auf Pfählen gebaut, ein so phantastisches Durcheinander! – an einem kleinen chinesischen Tempel und an vielen entzückenden malaiischen und chinesischen Segelschiffen vorbei, bis wir zum eigentlichen Hafen gelangten, wo uns von weitem die freche englische Kirche mit ihrem blödsinnigen Turm entgegenpuritanerte. – Nach dem Diner gingen wir in die Stadt, und zwar in den Teil, wo die frechen kleinen Chinesinnen wohnen; wieder ein Straßentheater. Mir vergeht bald die Lust, diesen aufdringlichen Blödsinn anzuhören. Trotzdem gingen wir nach einigen Minuten in einer andern Straße in ein wirkliches Theater, in einem länglichen großen Schuppen. Entree zehn Cent. Auf einer rings herumführenden Empore saßen die Frauen und unten die Chinesen. Das Stück war, glaub' ich, an und für sich besser; jedenfalls war mehr Dialog; aber der Radau der Gongs macht geradezu verrückt. Die Bühne, erhöht, breit, aber kurz, hat zwei Türen nach hinten, aus denen die Tragöden treten. Zwischen diesen Türen steht das schauerliche Orchester, in der Mitte der Mann mit seinem wahnsinnigen enormen Gong, dessen eine Hälfte er mit der Hand hochhebt, um sie dann auf die andre fallen zu lassen. Am anständigsten ist noch die Art Oboe, die in den Zwischenspielen oft ganz nett klingt, mit ihren unklaren Tonfolgen und der begleitenden zweisaitigen Mandoline. Vor dem Gongmann ist ein Stuhl oder Thron, auf den sich der alte Trottel mit seinem endlosen weißen Bart setzt und einen langen Sermon hält, während rechts und links je drei Personen, je zwei ebenfalls mit Bärten, je eine als Frau verkleidet, zuhören und hie und da eine Verbeugung machen. Unter diesen ist auch der Mann mit den Rudern an den Ohren, doch hat er hier in der höheren *tragédie* eine untergeordnete Rolle. Wenn der Alte ausgewaft hat, entfernt sich die ganze Gesellschaft, und es folgt ein Dialog von zwei Frauen (Männern), die mit der Fistelstimme reden, aber unvermeidlich hinuntersinken, und das klingt furchtbar lächerlich. Ich kann mir die Verachtung wohl vorstellen, die die Indier und Perser gegen die Chinesen haben müssen. Es ist wirklich greulich, diese Spielerei, und es ist interessant, die Zuschauenden zu beobachten, wie sie mit offenem Munde stumpf hinstarren, sich mehr umdrehend nach andern als aufpassend. Wenn ich dagegen halte, was Gobineau über die Teilnahme der Perser am Theaterspiel sagt, wie sie weinen und klagen, wenn der traurige Untergang von Mohammeds Nachfolgern geschildert wird!

Da die Luft und der Lärm nicht gerade erfreulich waren und Clement sich eben aus dieser Ursache nicht ganz wohl fühlte, gingen wir bald hinaus und wendeten uns dem Hotel zu. In einem Haus sang eine Frau mit der Mandoline, an der Wand gelehnt und am Boden sitzend, während neben ihr mehrere andre Frauen dumpf vor sich blickten und eingeschläfert zu werden schienen. Ihre Sangesweise war nicht schlecht, melancholisch und träumerisch; sie sang wohl so stundenlang, immer sich wiederholend und immer mit gleicher schwacher Stimme.

Sonnabend, 2. April.

Göttliches Wetter, so schön, wie wir es hier noch nicht hatten, da es ja bisher jeden Tag fast eine Stunde geregnet. Wir beschlossen, eine große Schlangenexpedition nach der Insel Batam zu machen, und obwohl wir weder nach Batam kamen, noch irgendeine Schlange sahen, entschieden wir uns doch, es die Schlangenpartie zu nennen. Als ich nämlich telegraphiert hatte, meldete mir Clement, daß der malaiische Bootsmann ihm erwidert habe, Batam sei neunzehn Meilen entfernt, also viel zu weit; unter einer gewissen schlechten Laune mußten wir uns also mit den Palmenwäldern auf dem Inselvorsprung im Osten begnügen, wurden aber unglaublich belohnt, denn es wurde unser schönster Tag. Nachdem wir akkordiert hatten (drei Dollar pro Tag), fuhren wir los im Segelboote, mit fünf Männern, von denen vier Klings, einer Neger (von Sumatra, denk' ich mir). Wir zwei saßen unter einem Bambuswalmdach, auf einer hübschen Bambusmatte, deren ich mehrere nach Hause bringen will, und waren anfangs noch etwas *sneevish*; was, im Grunde genommen, bei Partien immer gut ist; denn heiter beginnende enden immer mit entsetzlicher Laune und Müdigkeit. Wir beobachteten unsre Ruderer, besonders den Mohren, dessen Füße wirklich noch sehr nah verwandt mit denen des Affen sind; denn man kann die ursprüngliche Bestimmung der Zehen und der Ferse zum Halten beim Baumklettern noch deutlich erkennen. Die Haut unter dem Fuß ist faltig und etwas froschartig, die Zehen unten weiß wie unsre. – Wir fuhren durch den Hafen zwischen europäischen Schiffen und chinesischen Dschunken hindurch, die reizend aussehen mit ihrem gebogenen Deck, kleinen Bambushütten darauf und hübschen braunen Segeln, und gelangten allmählich zu den großen Kokosnußpalmenwäldern, die ganz wundervoll sind, endlos sich an der ganzen Küste erstreckend und zwischen ihren Stämmen entzückende malaiische Fischerdörfer bergend. Die hohen üppigen Palmen mit ihren dicken runden Früchten reichen bis an das Meer hin, und viele am Rande stürzten schon um, weil das Meer ihre Wurzeln der Erde beraubte, und sie liegen da mit ihren grauen Stämmen und versinken allmählich immer tiefer unter den Sand. Der Anblick solch eines Waldes ist himmlisch, wenn die Sonne auf den Zweigen spielt und ein leichter Wind sie schüttelt. Wir fuhren zuerst noch ein Stück entlang, dann stiegen wir aus, von unsern Männern ans Land getragen. Wir hatten Durst, und um dem abzuhelfen, baten wir einen Malaien um Kokosmilch. Für fünf Cent war er dazu bereit, holte einen endlosen Bambusstock mit einem eisernen Haken an der Spitze, und schwankend balancierend glückte es ihm, drei abzuschlagen, die mit großer Gewalt auf eine Hecke herabstürzten, die sie halb zerquetschten. Mit einem schweren Messer schlug er sie auf, bis zu der Öffnung des Innern, in dem die süße Milch lag. Der Trank erquickte uns sehr, und wir zogen weiter durch das Dorf und dann wieder an den Strand. Ich kam auf den gloriosen Gedanken, Schuhe und Strümpfe auszuziehen, was wir sofort taten, und unsre Hosen bis übers Knie zurückfalteten. Welche Wonne, auf dem glühenden zarten Sand zu waten und im warmen Wasser herumzupantschen! Unsre Schuhe warfen wir ins Boot, und in diesem Kostüm zogen wir den ganzen Tag herum. Gibt's ein unschuldigeres Geschäft als Muschelnsammeln? Obwohl ich sie eigentlich gar nicht liebe, so bückte ich mich doch oft genug, in Gedanken an Manfred,* dem sie vielleicht Spaß machen. Auf dem ganzen Wege huschten seitwärts kleine graue Krebse, die ihre Behausung in tiefen runden Löchern im Sand haben. Clement erzählte mir von den Räuberkrebsen, die auf die Kokospalmen vom Meere aus klettern, oben angelangt solange an die Frucht pumpern, bis sie hinunterfällt, worauf sie hinuntersteigen, die Frucht aufkratzen und die Milch trinken. – Wir wateten immer weiter, wie zwei Peter Schlemihls; denn wirklich, wir hatten keinen Schatten, aber nicht durch Teufelsmacht, sondern weil es Mittag war und wir ja fast am Äquator sind. Gott, war das himmlisch! – Wir gingen wieder etwas unter die Palmen, durch ein Dorf, wo wir uns Bananen und – eine Bottle of Ale kauften, bei einem Chinesen, da diese immer den Handel und das Fabrikartige betreiben; so auch bei einer Kalkbrennerei aus Muscheln, von wo ein bläulicher Rauch weit in die Palmen sich ergoß und ihre Konturen aufzulösen schien. Da uns die Füße auf den Muscheln und dem Grase etwas weh taten, wandten wir uns wieder ans Ufer; da lagerten wir und aßen unsre mitgebrachten Wurstsandwichs und Bananen, die man hier Pisang nennt. Um ein Nachmittagsschläfchen genießen zu können, setzten wir uns in unser Boot, aber da die Wellen höher gingen, hatten wir eine ziemlich schaukelige Ruhe, und meinem Clementchen wurde es etwas schlecht. Ich hatte merkwürdigerweise nicht zu leiden. Nach einer Stunde ungefähr kamen wir wieder unter die Palmen, nachdem unser Schiff des Windes wegen gerade ein Dreieck gelaufen hatte. Wir landeten, krabbelten wieder herum und suchten eine geeignete Stelle zum Baden! Diese fanden wir auch bald hinter einem englischen Meilenstein; wir zogen uns aus, ließen unsre Sachen unter einem Busche – und stürzten uns – zwei Adame – in die warme See und schwammen. Ich behielt meinen Hut auf dem Kopf, aus Sorge wegen des Sonnenstichs. Da wir natürlich kein Handtuch dabei hatten, mußten wir uns von Sonne und Sand trocknen lassen. Allerdings mein Unterjäckchen aus Bayreuth mußte sich doch, zur Beschleunigung des Geschäftes, als Handtuch gerieren, und es fühlte sich hochgeehrt, als ich es dann in der Stadt unter dem Arme nach Hause führte. Der Sand drang in unsre Poren, und wir sahen rot wie Krebse aus! Nein, war das lustig! Wir pfiffen und sangen, und die Kokospalmen werden wohl zum erstenmal „Es gibt ein Glück, das ohne Reu" gehört haben. Auf einer echt englischen Landungsbrücke stiegen wir wieder ins Boot und fuhren heim, indem wir Schuhe und Strümpfe wieder anzogen und die

* Mein Neffe Manfred Gravina

Hosen hinunterließen, die durch den ihnen anhängenden Sand tüchtig kratzten. Wir landeten, zahlten, die geldgierigen Tropfen wollten natürlich mehr, aber als kaltblütige Engländer sagten wir „No" und gingen weiter. – Im Hotel tranken wir Limonade und ruhten einige Minuten aus; mußten aber gleich wieder hinaus, denn ein geradezu toller Sonnenuntergang rief uns. Im Osten glühten in Fleischfarbe zwei dicke gewittergefüllte Wolken, aus denen es zuckte; sie waren verbunden durch eine gelbliche Wolkenbrücke, und dahinter starrte eine stahlblaue eckige Wolke. Im Westen war alles Wonne und Glühen, und die Sonne sandte drei rosige lange, scharf abgegrenzte Strahlen nach dem Osten hin! Es war gewaltig, und wir staunten und wurden angestaunt, da die kricketspielenden Kommis natürlich den Himmel überhaupt gar nicht sahen. Das war ein Tag heute!

Sonntag, 3. April.

Als wir nachmittags einen kleinen Gang machten, da hörten wir plötzlich, mitten im Gewirr der schreienden Verkäufer, der rollenden Wagen, pfeifenden Schiffe aus einem großen öffentlichen Gebäude einen Chor aus der Johannespassion! Wie Eis rann es mir durch die Glieder, wir standen wie gebannt und trauten unsern Sinnen nicht; doch es war richtig, denn als wir näher gingen, merkten wir, daß da oben für Ostern oder vielmehr Karfreitag eine Probe abgehalten wurde. Es war einer der Choräle, welche ich von Kniese gehört hatte, doch mir fielen die Worte dazu nicht ein. Der Eindruck war auf uns beide so überwältigend, die Urklänge der Religion, der felsenfeste bewußte Glaube Bachs drangen so unmittelbar, so beseligend und alles andre verschwinden lassend in uns, daß wir uns gestehen mußten, nie von diesem Genie einen gleich gewaltigen Eindruck gehabt zu haben. So feierten wir die heilige Woche! Mitten in dem buntesten tropischen Treiben dringen bis zu uns diese wundervollen Klänge. Konnte uns etwas Schöneres zuteil werden? Und gewiß war es kein Zufall, daß wir da vorbeikommen mußten! Vielleicht sangen sie es gerade zur selben Zeit in Bayreuth, und Mama hörte zu. Wir zwei waren so ergriffen, daß wir den ganzen Heimweg kein Wort sprechen konnten. –

Hongkong

Sonnabend, 16. April.

Inmitten der Nacht wurde das Meer sehr wild, und unsre Kabinen schwankten tüchtig umher; und da außerdem die Betten so namenlos hart sind, tat ich die ganze Nacht kein Auge zu, bis mir gegen Morgen Armbruster* erschien und mir vorwarf, ich sei zu spät zu den Proben heimgekehrt. – Als ich aufstand, wurde es mir zuerst etwas schlecht, doch verging dies nach dem Frühstück. Es ist sehr windig, ziemlich kühl und sehr nebelig; so soll es meistens bei Hongkong sein. Die Wellen spritzten oft übers Deck und gaben den Chinesen jedesmal von neuem Kraft, darüber zu lachen. Ich schloß mit einigen von ihnen Freundschaft, soweit dies ging, durch Zeichen, und wenn keiner schließlich eine Ahnung hatte, was der andre wollte, entstand ein allgemeines Gelächter. Einer unter ihnen, ein hübscher schlanker Jüngling mit intelligentem Auge und feinen Händen, gehüllt in ein hübsches hellblaues Gewand, bat mich um ein Fernglas; so begann die Freundschaft; er schaute durch, drehte hin und her, während die andern mit pfiffigdummem Gelächter ihm Bemerkungen zuriefen; dann baten mich die andern darum, und mein blauer Freund gab ihnen lange Belehrungen, wie man das Instrument verwendet, und da die guten Kerle immer nur ins unbestimmte Graue durchsahen und natürlich unter furchtbarem Gelächter gestehen mußten, daß sie gar nichts erblickten, wies ich sie auf eine vorbeifahrende Dschunke. Später holte ich ihnen Zigarren, und sie nahmen sie freudigst an; ja mein blauer Freund wollte als Zeichen seiner Dankbarkeit mir ein sehr schönes Hirsch- oder Elentiergeweih schenken, welches er mit sich führte; doch nahm ich es natürlich nicht an, denn er konnte gewiß in Hongkong ein kleines Geschäft damit machen.

Während dieser kleinen Intermezzi näherten wir uns immer mehr Hongkong. Aus dem Nebel langsam auftauchend, konnte man hohe Berge erkennen und Hunderte von chinesischen Dschunken segelten herum; sie sehen reizend aus und erinnern ganz an die griechischen Schiffe mit dem breiten und aufwärts steigenden Hinterdeck. – Endlich kam auch der Victoria-Peak heraus; denn so haben die Engländer mit höchster Anspannung des Phantasievermögens den Gipfel auf der Hongkonginsel genannt; nennen sie ja doch auch Hongkong Victoria. Wir fuhren durch eine schmale Wasserstraße und erblickten dann die Stadt Hongkong, welche am Nordabhange des Victoria-

* Bühnendirigent bei den Bayreuther Festspielen

Peaks entlang sich lagert. Die Form des Hafens ist sehr schön und erinnert an den von Gibraltar, während die Stadt, besonders die Straße am Hafen mit den Blumen, Fischen, kleinen engen und steil hinaufführenden Gäßchen, mich an Neapel erinnerte. Beim Aussteigen war es sehr belustigend zu sehen, welch ein Kampf unter den chinesischen Schiffern entstand, um die Herunterkommenden aufzunehmen, und wir mußten wieder ihre große Geschicklichkeit bewundern, wie sie mit Bambusstöcken, die mit einem Haken versehen sind, sich an dem Dampfer festhalten, an denselben wie Affen heraufklettern, mit einem wirklichen Sturm sich auf das Gepäck stürzen und dieses hinunterbringen. Unter den Mitfahrenden war auch eine Chinesin, der wir unsre ganze Teilnahme entgegenbrachten, als wir sahen, wie auch sie in den Kahn hinunterspringen mußte und da hin und her balancierte, sie, die in wenigen Tagen das Reich der Mitte mit einem kleinen Chinesen beglücken mußte. Ein hübscher Sampan brachte den Kapitän und uns an Land, wo wir Jinrikschas nahmen und an dem bewegten lustigen Hafen entlang zu dem Agenten Gibb Livingston fuhren. Die Gebäude sind hoch und stattlich, meistens aus Granit erbaut, aus dem ja die ganze Insel besteht; wenn der Charakter der Stadt auch großenteils europäisch ist, so stört das hier doch nicht in dem Grade, und wo die Chinesen wohnen, wenn auch in unoriginellen Häusern, sieht es gleich bunt und verrückt aus. Mehrere kolossale Hochrenaissancegebäude (modern natürlich) nehmen sich nicht übel aus und geben der Stadt ein reiches Aussehen, zum Unterschied von Singapur. Die kleinen Quergäßchen mit ihren Treppen sind vollgehängt von bunten Lappen, Jacken, Hemden, Papierfahnen und bunten Annoncen, die man leider nicht versteht; es sollen sehr komische Sachen darauf stehen, doch davon mehr, wenn wir in Kanton sind, da dort noch alles ganz unberührt von uns ist. Von dort gingen wir ins Hotel, ich kaufte einen Führer, und dann spazierten wir in den Straßen kreuz und quer, an einem chinesischen Tempel mit zwei grotesken Löwen vorbei, aßen viele süße und ziemlich kernfreie Mandarinen und kehrten ins Hotel zurück zum Rasieren und Teetrinken. Das Hotel ist sehr groß, aber auch teuer; es gibt viele Deutsche hier. – Wir machten uns nochmals auf und wandten uns gen Osten zur Stadt hinaus, am Governors House und Großen Klub vorbei, die, an einem Platze liegend, wie eine Dekoration zu einer Gluckschen Oper aussahen, dann weiter an einer Unzahl von Kasernen vorbei, aus denen die rotjackigen englischen Soldaten herausguckten, bis in die freie Natur, das heißt einer schönen Allee entlang, die bald steigend, bald sinkend rechts und links eine üppige Vegetation zeigte; doch grundverschieden von der in Singapur, erinnert sie vielmehr sehr an die süditalienische; ja Föhren, Pinien, Myrten und alle wohlbekannten italienischen Freunde fand man wieder. Die Palmen sind selten und gedeihen nicht gut. Wenn man denkt, daß fast auf demselben Breitengrade wie Hongkong das tropische schwelgende Gangesland liegt, so glaubt man es kaum, hier fast in die Vegetation des vierzigsten Breitengrades versetzt zu sein. Es blüht überall, und die schönsten Vögel singen chromatische Klagelieder, ähnlich den Chopinschen Gesängen; wir erleben hier wirklich einen Frühling, den wir beinahe schon aufgegeben hatten, und die milde, etwas gebirgige, duftdurchtränkte Luft tut uns so wohl und macht uns wieder frischer nach der erdrückenden wüsten Schwüle in Saigon. – Wir wanderten immer weiter, und ich mußte oft an die Villa d'Angri und an Stellen am Comer See denken, bis wir zum Rennplatz gelangten, der prachtvoll wie die Orchestra eines griechischen Theaters daliegt, halb umgrenzt von stufenartigen hohen Felsenbergen. Durch einen Bambushain hindurch gelangten wir ans Meer und hatten einen hübschen Überblick über Stadt und Golf. Dem Ufer entlang standen Hunderte von Dschunken, auf denen oft vier bis fünf Generationen lang eine Familie wohnt, ja, ganz dort lebt, denn Frauen und Kinder kommen fast nie ans Land, während die Männer allerdings öfters auf festem Boden Beschäftigung suchen müssen. Die Sonne ging unter, doch hinter Nebeln, ohne jeden Glanz, und wir wandten uns der Stadt zu. Auf dem Wege begegneten wir ziemlich vielen portugiesischen Juden (wahrscheinlich aus Macao, das den Portugiesen gehört), welche unter violetten kasserollenähnlichen Hauben und mit sonderbaren Kaftans angetan, einfach schauderhaft aussahen, was noch durch Brillen, Gelächter und kleine schwarze Bärte erhöht wurde. Sie kamen aus der Synagoge; es war Sabbat. – Nachher gingen wir zwei wieder aus, und zwar zuerst den Hafen entlang. Wie im Suezkanal, so muß ich auch hier „*mes hommages les plus respectueux*" den Erfindern der elektrischen Bogenlampen darbringen. Nicht nur, daß dieses Licht hier nicht stört und den chinesischen Straßen ihren Zauber nimmt, erhöht es diesen vielmehr, indem es ganz neue Effekte in die vielwinkligen, mit rotgelben Lampions beleuchteten Häuser bringt, groteske Schatten entstehen läßt und eben durch diese Kontraste außer dem wirklichen noch ein Schattenleben auf die Wände und auf den Boden projiziert. Wir freuten uns jedesmal, wenn solch eine hochgehängte Lampe kam, und die Chinesen genießen es auch mit Freude. Auf unsern Wegen, die kreuz und quer uns bald hoch, bald tief führten, kamen wir auch in die Straßen, die mit leichtsinnigen chinesischen Dämchen vollgestopft sind; sie sind nicht hübsch, das könnte man mit dem besten

Willen nicht behaupten, und schminken sich so, daß sie wie eine leblose Maske aussehen. Ihre Figur ist klein und recht unentwickelt; sie sitzen in ihrem Zimmer mit dem weitgeöffneten Eingang zu zehnt, ja, noch mehr, blöd und stumpf herausguckend und nicht einmal lockend, wie das die reizenden Japanesinnen so niedlich machen. In jedem dieser Häuser ist eine Marthe Schwerdtlein, die durch ihre Häßlichkeit den ganzen Eindruck noch unvorteilhafter macht. – Auf unserm weiteren Weg sollten wir eine entzückende Überraschung haben: diese war ein chinesisches öffentliches Teehaus. Kühn, ohne eigentlich zu wissen, was da oben los sein könne, gingen wir hinein, und zwar zuerst durch einen chinesischen Laden, der ja nach der Straße immer ganz offen ist, dann Holzstiegen hinauf bis zum ersten Stock; doch da war nur ein Lager von großen Krügen. Weitersteigend gelangten wir in den zweiten und schließlich in den dritten Stock, die beide dieses Restaurant bildeten. Das erste, was wir sahen, war eine Menge kleiner geschminkter Chinesinnen von der oben beschriebenen Klasse, doch hübscher und eleganter, und Chinesen, die in verschiedenen Zimmern in verschiedenen Gruppen verteilt waren und sich riesig zu amüsieren schienen. Die einzelnen Räume, die durch spanische Wände getrennt sind, enthalten fertig gedeckte Tische, auf denen niedliche zahllose Schälchen stehen, in denen gebrannte Mandeln, Bohnen, schwarzer Tee und so weiter verteilt waren. Der Eindruck dieses ganz neuen Erlebnisses war so reizend, daß wir durch unser Gucken und Erstaunen die Heiterkeit der chinesischen Kellner erregen mußten; wir setzten uns schließlich auf der Veranda vor dem Fenster, etwas getrennt von den sich amüsierenden Gruppen, und baten einen furchtbar freundlichen, höflichen Kellner um Tee. Er brachte einen kleinen Bambustisch heraus und nacheinander in einer langen Reihe hübschgemalter Schalen erst den grünen Tee mit den Blättern in der Schale, der herrlich schmeckte und den wir zuerst gar nicht ordentlich zum Munde führen konnten, weil keine Henkel an der Schale waren und das Porzellan glühte, dann herrliche gebrannte Mandeln und Bohnen, feine kleine würfelförmige Kuchen, die mit ihrem sanften weichen Geschmack und mit dem roten Sprüchelchen darauf wohl eines Pariser Feinbäckers würdig gewesen wären, und endlich eine Opiumpfeife, aus der wir zwei Züge taten, ohne jedoch nur den geringsten Geschmack herausfinden zu können, und eine vorzügliche Zigarre, was alles dieser liebe Mann ohne unser Bitten darum brachte. – Gegenüber war auch solch ein Teehaus, und wir priesen uns glücklich, daß wir nicht dort hineingeraten waren, da eine Höllenmusik herüberdrang. Doch unsre Glücklichpreisung war zu schnell; denn auf einmal ging's ganz nah hinter mir auf der Veranda los, erst sanfter, dann mit den namenlosen Gongs und Becken, und wir bekamen solche Lachanfälle, daß uns die Tränen herunterliefen und wir befürchteten, die Chinesen zu kränken; denn die nehmen diesen Radau ernst, und auf einem Balkon gegenüber hatten sich zwei geputzte Mädchen aufgestellt, um das Konzert in sich aufzunehmen. Der Lärm war zu himmelschreiend, als daß wir es lang hätten aushalten können; wir zahlten, für jeden machte es fünfundzwanzig Cent gleich siebzig Pfennig; der Kellner lächelte so freundlich, und alles sah so reizend aus, die Lampions auf den Balkons wiegten sich so weich hin und her, daß wir ganz entzückt dieses Teehaus verließen und durch den guten Tee gekräftigt heiter den Heimweg antraten. Daß die vielen Mandeln und Mandarinen des heutigen Tages etwas unsre schiffgewöhnten Mägen aufrüttelten, ist sehr verzeihlich, und mein Mund entschuldigte sich höflich beim Magen für solche Überbürdung. – Um zehn Uhr legten wir uns ins Bett; ich schlief herrlich und hatte ganz österliche Träume.

Ostersonntag, 17. April.

Um halb sieben Uhr klopfte ein Chinese an meiner Türe und brachte mir Tee mit Toast; ich liebe diese Einrichtung hier im Osten. Man wird dadurch gleich so munter, lebendig und guter Laune. Während ich schmatzte und trank, dachte ich viel an Wahnfried; und mein Entschluß, den ich gestern nach langem Erwägen gefaßt habe, lachte mir so österlich zu, daß ich mich auch wie „erstanden" fühlte.* – Gegen halb neun Uhr frühstückten wir, und zwar kolossal viel; denn wir haben einen Mordsappetit, und das Essen ist vorzüglich. – Es ist ungerecht, daß, wenn man eine gute Regung in sich fühlt, man dafür verlacht und verhöhnt werde: denn ich kann es nicht anders bezeichnen als eine Verhöhnung, als wir zwei, um Ostern zu feiern, in die katholische Kathedrale traten, um einer Messe beizuwohnen. In die protestantische englische wären wir schon von vornherein um keinen Preis gegangen, da allein das Tonleitergebimmel seiner absurden Glocken wie die elenden gotischen Spitzen uns auf das höchste reizten; also blieb uns nur die katholische Kirche übrig, in der wir wenigstens eine gewisse Stimmung einer Gemeinsamkeit anzutreffen hofften. Doch wie waren wir empört, als wir die gemeinste Opernmusik hörten, die noch dazu so entsetzlich falsch gesungen wurde, dazu eine weiß gestrichene gotische Kirche, viele von den Jesuiten be-

* Vergleiche Seite 28

kehrte Chinesen und Japanesen, viele Kreolen, europäische Kommis und Gott weiß was noch. Wir machten, daß wir wieder hinauskamen, um unsrer Wut Luft zu machen: solch eine herzlose, heuchlerische, in heidnische Götzendienerei entartete Religion will sich berufen fühlen, den christlichen Gedanken unter Menschen zu verbreiten, die glücklich und heiter bei ihrem Gongtempelspiel nicht nach religiösen Höhen sich sehnen, die sie doch nicht fassen sollten. Wird denn ewig das Zeichen höchster religiöser Erkenntnis, das Kreuz des Heilands, dazu dienen müssen, elenden Spekulanten Macht und Gewinn in die Hand zu spielen? Mich hat die Empörung über die Kirche, protestantische wie katholische, hier aufs heftigste erfaßt! O gäb's eine Dantesche Hölle, daß die Diebsbande da unten von Schlangen gewürgt und im Kot erstickt würde; denn nichts Besseres verdienen diese Frevler an Christus.

Die herrliche Natur in den ansteigenden Anlagen besänftige mit ihren Düften bald unsre Gemüter. Ein dunkler Pinienhain, mit Farnpalmen, Myrten und unzähligen blühenden Blumen und Bäumen empfing uns; die Luft war warm und leicht, die Aussicht auf die Stadt und den schönen Golf, dessen umgrenzende Berge mit den Wolken in einen unklaren Farbenschleier sich vereinigten, war so schön und wohltuend, daß wir froh aufatmeten und in den Kuppelgewölben der Pinien den Auferstandenen feierten. Beim Weitergehen fand Clement mit größtem Jubel die kleinen insektenfressenden Pflanzen, die wirklich eine ganz unglaubliche Naturerscheinung sind; die einzelnen Blätter haben klebrige Haare, an denen die zufällig sich daraufsetzende Fliege hängen bleibt, so daß sie nicht entkommen kann, während sich das Blatt allmählich, von außen beginnend, zuschließt, das Blut aufsaugt und die Gerippe liegen läßt. Sie haben kaum Wurzeln, da sie ja von der Erde keiner Nahrung bedürfen. – Durch schöne Gärten, die ganz an die italienischen erinnern, weiterziehend, kamen wir an die Station der Drahtseilbahn auf den Victoria-Peak, und wir beschlossen hinaufzufahren, was uns viel Freude bereitete. Die Bahn fährt sehr steil hinauf, und ich mußte an unsre reizende Rigipartie denken. Von der Station oben bis zur höchsten Spitze war noch ein Weg von einer halben Stunde; die Aussicht von der achtzehnhundert Fuß hohen Kuppe war sehr schön, alles etwas verschleiert, viele kleine Inseln in der Ferne und sausende dünne Wolken unter uns. Ein chinesischer Eremit bat uns, in seiner Klause Kaffee zu trinken; wenn auch das Getränke rührend dünn war und die Kuchen ein bißchen vorkunfuzianisch schmeckten, war es doch reizend in der kleinen Behausung, wo zwei Lilienstengel in Vasen blühten und Joßstick brannte, während der gute Mann die Wände mit Bildern aus dem Daily

Graphic ausschmückte. Wir gaben ihm vierzig Cent, und er lachte zufrieden. Natürlich begegneten wir vielen Deutschen da oben, und im Sommer muß es hier sehr lebendig zugehen, da mehrere kolossale Hotels herumstehen.

Kanton

Montag, 18. April.

Um halb sechs Uhr stand ich auf, wusch mich und ging hinaus, um die Gegend zu sehen; mehrere hohe Pagodentürme erschienen, als wir an Whampoa vorbeifuhren, auch ein Kloster und mehrere kleine Tempel. Viele Mandarinenbäume schmücken den Boden, der links flach, rechts in einiger Entfernung sich zu anmutigen Hügeln erhebt. Auf dem Boote wurde es immer lebendiger, und alle warteten mit Begierde auf das noch in dunstiger Hülle fern sichtbare Kanton. Endlich kam es näher, die Dschunken und Sampans füllten den ganzen Fluß, und ein Geschrei und Lärm und Schwätzen drang von da unten herauf, das Neapel noch übertraf. – Auf das Schiff kamen nun allerhand Leute, unter ihnen Führer, von denen wir einen sehr netten für uns nahmen, da dies unbedingt nötig ist in dieser kolossalen Stadt, wo nur ganz wenige Englisch sprechen können. Wir folgten ihm aus dem Schiff hinaus, und durch ein Gewimmel von Chinesen durchdringend, brachte er uns zu den Sedanstühlen, die man so oft schon abgebildet gesehen hat und nun wirklich benützen sollte. Man kommt sich wie ein Mandarin darin vor, wenn man so von drei Männern getragen wird. Der Anblick der Stadt vom Flusse aus ist nicht gerade schön in unserm Sinne zu nennen; es ist ein tolles Durcheinander von niedrigen Häusern, Dörfern, die in den Fluß auf Pfählen gebaut sind, Sampans, die am Ufer entlang zu Tausenden liegen, dazwischen kleine Tempel, alle überragend die Pfandhäuser, turmähnliche Gebäude, in denen auch die vornehmen Chinesen Sachen im Winter aufheben lassen, um sie dann im Frühjahr wieder zu holen.

Den wahren Eindruck von Kanton sollten wir erst haben, als wir hineinfuhren, und dies war allerdings ein Eindruck, der sich in seiner Eigenart mit gar nichts vergleichen läßt. Obwohl wir doch schon einiges von chinesischem Treiben, von ihrer Bauart und so weiter gesehen haben, so war uns doch alles hier neu, durch die vollständige, von Europa unberührte, kaum je durch andre Einflüsse entscheidend veränderte Ursprünglichkeit; so war diese Stadt gewiß gerade so vor tausend, ja dreitausend Jahren, und wenn auch noch so oft dazwischen ganze Viertel niedergebrannt sind, so wurden sie ebenso wieder aufgebaut. Nachdem wir in das gemütliche Shameenhotel gefahren waren, das auf Shameen, der europäischen Insel, gelegen ist, dort gefrühstückt hatten, ließen wir uns von unserm Führer in den Sedans durch die westliche Stadt führen. Über eine Kanalbrücke hinweg gelangten wir in diesen Stadtteil, und nun begann unser Staunen, Mund- und Augenaufreißen: der Anblick alles dessen, was wir jetzt sehen sollten, war so entzückend, so phantastisch, so harmonisch in seinen grellen Disharmonien, so bunt und doch nie die Augen verletzend, daß man entschieden die Empfindung hatte, das ist in seiner Weise etwas ganz Vollendetes und Unvergleichliches. Die Straßen sind ganz eng, wie in Venedig die engsten Gäßchen, und der Sedan hat Mühe, sich durchzuwinden, besonders an Ecken, wo die zwei Tragstangen meistens vorn oder hinten anstoßen müßten, wären diese Leute nicht so geschickt. Die Häuser sind nur einstöckig, das heißt: nur Parterre; die ganzen Gassen entlang ist ein lustiger offener Laden neben dem andern; den Himmel kann man kaum sehen, da eine Unmenge der länglichen bunten Annoncen, Fahnen, durchbrochener, mit durchsichtigen Muscheln zugedeckter Holzgesimse über der Straße hängen und einen glauben machen, man ginge in einem geschlossenen Raume. Laden an Laden zeigen die herrlichsten, bizarrsten, geschmacklosesten Sachen, alle so originell, daß selbst das Hyperabsurde einem gefallen muß. Die Chinesen sind eines sehr verschiedenen Schlags gegen die in Singapur, und besonders das weibliche Geschlecht präsentiert sich viel hübscher und anziehender als selbst im nahen Hongkong. Wie wir so zum ersten Male durch diese langen Gäßchen getragen wurden, fiel mir auf, daß alle Straßen durch Tore abgeschlossen sind, natürlich ohne Türen, und diese geben immer Gelegenheit, verrückte Stuckfigurenkomplexe anzubringen, auf denen irgendein Gott mit unzähligen Nebengöttern ein Fest abhält oder auf Wolken über Bäumen sitzt; diese erhabenen Reliefs werden durch ein einfaches horizontales Gesimse begrenzt, auf dem in der Mitte gewöhnlich eine schnörkelig stilisierte Blume, an den Seiten, auf diese zukommend, zwei sich windende Schlangen und am Ende je ein ausladendes, gewöhnlich mäanderartiges Ornament angebracht sind. Die kahlen grauen Ziegelwände sind durch eine Unmasse von gelben und roten Zetteln verhüllt, auf denen gute Ratschläge gegen Krankheiten und so weiter enthalten sind. Über den Häusern hoch emporragend steht in jedem Stadtviertel ein hohes Holzgerüst mit kleiner Hütte darauf, von wo aus durch Gongschläge zuerst angezeigt wird, wenn es irgendwo brennt. – Dazwischen begegneten wir in feinen Sedans Mandarinen in schönen Gewändern mit ihrem Doppelschwert in silberner Scheide mit dem kleinen Dolch, an dem die elfenbeinernen Chop-Sticks angebracht sind, und mit dem schwarzen Hut, an dem hinten ein kurzer Pfauenfederbüschel angenäht ist. Es geht hier sehr vornehm zu; die Stadt ist berühmt für ihre vornehmen, reichen Herrschaften, unter denen allerdings auch die Finanzbarone nicht fehlen. – Unser Führer, der ein unglaubliches Englisch spricht und dabei sehr viel von seinem Munde Gebrauch macht, zeigte uns zuerst einen Laden, in dem auf Reispapier gemalt wird; sie bringen feine Bilder zustande, in der Technik und Perspektivlosigkeit an die frühesten Italiener erinnernd, und meistens das Leben eines Chinesen von der Geburt bis zum Tode in zwölf Erlebnissen darstellend; oder man findet auch verschiedene Darstellungen von Buddha und anderen Göttern, in ihren verschiedenen Eigenschaften als Sonnenbeherrscher, Krankenheiler, Geburtbegünstiger, als Sturm- und Sterngottheit und so weiter. Clement und ich kauften jeder eines dieser zwei Arten. Beim Heraustreten sahen wir uns umringt von bettelnden und gaffenden Leuten, unter denen besonders die kleinen Bettelkinder einen wie lästige Fliegen verfolgen. Die ärmeren Frauen tragen ihre Kinder auf dem Rücken in einem Kreuzband, so daß die Position dieser Würmer höchst unbequem aussieht, und ich muß ihre Lautlosigkeit bewundern, besonders dann, wenn, wie ich gestern sah, die Mutter dabei flott rudert und das Steuerrad mit dem Fuße lenkt. – Nach einer kleinen Fahrt weiter hielten wir vor einem Laden, in welchem kleine Schmucksachen aus Silber mit den zarten blauen Federstückchen des Fischreihers so fein eingelegt werden, daß man es für Mosaik oder Email halten möchte. Nur ganz besonders schöne Federn dieses Vogels können sie benützen und den größten Teil der mehr weißlich schimmernden müssen sie unverwertet lassen. Da dies eine chinesische Spezialität ist, kauften wir eine kleine Brosche, ich einen Pfau, den ich für Mariechen* bestimmte. – Von da kamen wir an unzähligen Stoff- und Schuhläden vorbei zu einem Manne, der uns einen hohen Verschluß öffnete, in welchem ein Pompsedanstuhl stand, von oben bis unten mit Figuren und Schnörkeln überladen, blau mit Gold; wir mußten natürlich das verrückte Ding aufs höchste bewundern, und allerdings, es steckt eine namenlose Arbeit darin. Weiter gelangten wir zu Ebenholzstuhlschnitzereien, unter denen einige uns sehr gefielen, sie erinnern an die gotischen des vierzehnten Jahrhunderts. Nach einigen Querstraßen, durch welche wir getragen wurden und in denen fast bei jedem Laden uns etwas Neues, Reizendes und Anlockendes angeboten wurde, kamen wir an einen

---

* Meine Nichte Maria Gravina

kleinen Platz, wo der Tempel der Fünfhundert Weisen liegt. Wa Lam Tsy, so heißt dieser Tempel im chinesischen, wurde im Jahre 503 gegründet und 1855 restauriert. Er ist von bedeutender Anlage und nach vielen Seiten hin von großem Interesse. Die Fassade, die übrigens an allen Tempeln die gleiche ist, mag sie im fünften oder achtzehnten Jahrhundert erbaut sein, ist mit sechs schlanken, kapitällosen Säulen geschmückt, welche in direkter Verbindung mit dem reichen Holzgewölbe stehen. An den beiden Ecken stehen diametral heraus drei Sparrenenden, stufenweise ausladend, welche die reichgeschweiften Dachkanten tragen. Die Farbe der Ziegel, die an dem Rande des Daches hübsch gebrannt eine Art Friesornament bilden, ist auf der Schräge grünlichgrau, was in das Ganze eine schöne Ruhe bringt, die sonst in Spielereien untergehen würde. Auf dem Scheitel finden wir wieder denselben Schmuck wie an den Toren. Das Ganze solch einer Fassade macht einen reizenden Eindruck, und wir freuen uns jedesmal, wenn wir um eine Ecke biegen und solch ein zierliches Formenspiel sehen. Beim Eintritt in die kleine erste Vorhalle stehen rechts und links vergoldete Kolossalstatuen: die Hüter des Tempels, mit scheußlichen, rosa angemalten Gesichtern. Ein ziemlich großer ungepflegter Vorhof führt zur zweiten Vorhalle, wo hinter Gittern vier vergoldete Kolossalstatuen stehen, darstellend die vier Winde; der Gott des Nordens, der überhaupt eine besondere Stellung in der alten Mythologie einnimmt, hat eine große Mandoline in der Hand, auf der er mit freundlicher Miene spielt, während die andern drei entweder stumpf oder wütend aussehen.

Nachdem wir den ersten Säulenhof durchschritten haben, treten wir in den ersten Pavillon; auch diese Pavillons sind fast allenthalben dieselben. Vier oder sechs hölzerne Säulen, auf Granitsockel ruhend, tragen das Satteldach und sind miteinander durch runde Sparren verbunden. Die Schnitzereien an den Balkenköpfen sind reich und phantastisch; ihr dunkler brauner Ton hebt sich schön von dem warmen Rot der Holzsäulen ab, und es herrscht überhaupt in diesen Tempeln eine geheimnisvolle, düstere Harmonie, die die einzelnen grotesken und absurden Gegenstände weniger verletzend macht; mit diesen meine ich geschmacklose hohe Drahtblumenständer, häßliche Götzenbilder und dergleichen mehr, während wiederum andrerseits die schönsten Bronzen, Leuchter, Joßgefäße, Lampen und Vasen in reicher Fülle auf dem Altare stehen. In diesem ersten Pavillon stehen hinter dem Altar drei Kolossalstatuen Buddhas, ganz vergoldet und mit schönen kindlichen Gesichtern, während an den zwei angrenzenden kurzen Mauern je acht Götter stehen, welche, wie ich verstand, auch wieder Buddha darstellen sollen. Der Duft von den Joßstengeln, welche auf dem Altare in einer wundervollen Bronzevase brennen, ist betörend, und er allein ist es, der einen daran erinnert, daß man es hier mit einem Gotteshause zu tun hat; denn die Art, wie die Chinesen in ihren Tempeln schwätzen, rauchen, über die Götzenbilder lachen, ist unglaublich und verletzend. Im zweiten Pavillon steht in der Mitte eine marmorne Pagode (Turm), ein Geschenk des Kaisers Kien-Lung (achtzehntes Jahrhundert). Vom dritten Hof, links sich wendend, kommt man in den vierten Hof, an welchen der eigentliche Tempel der Fünfhundert Götter grenzt. Die fünfhundert vergoldeten Standbilder sind von menschlicher Höhe und bieten einen interessanten, wenn auch unschönen Anblick. Sie sind alle sehr verschieden voneinander in Haltung, Ausdruck, Gesichtszügen und Abzeichen. Einem sind endlose flächserne Augenbrauen angehängt, ein andrer hat einen Rosenkranz in der Hand, einer lacht, ein andrer sieht nachdenklich aus, einer wütet, und ein andrer blickt sanft in die Ferne; zwei von ihnen werden von Frauen angerufen, die gern Kinder bekommen möchten. Ein einziger unter ihnen hat einen Hut auf; es soll Marco Polo sein, nach andern Franz Xaver. In der Mitte der Rückwand steht eine große Statue des Kaisers Kien-Lung, davor die zwei Altäre, wie in allen Tempeln, wo heiliges Santalholz brennt und unter andern die zwei kleinen, auf der einen Seite ovalen, auf der andern plattpolierten Steine stehen, welche man auf den Boden wirft, um zu sehen, ob der Gott eine gute oder schlechte Antwort gibt: gut ist sie, wenn einer auf die runde Seite fällt, schlecht, wenn beide auf die gerade, mittelgut, wenn beide auf die runde Seite fallen. Wir warfen auch: Clement bekam eine gute, ich eine schlechte Antwort. Neben diesem Tempel sind noch die Priesterräume und ihr Speisezimmer.

Von diesem Gebäude gingen wir in den kleineren angrenzenden Cho-Shing-Tempel, dem Gotte der Medizin geweiht, doch von keinem besonderen Interesse, außer mehreren Drahtständern, die man übrigens auch in den andern findet, um Feuerwerk loszulassen, was nur aus einem Mordsgeknatter besteht. – Auf unsrer weiteren Wanderung kauften wir allerhand hübsche Sachen, ich unter andrem ein Tigerfell, das ich billig genug bekam; wir sahen in einem Laden der Reinigung des Reises zu, was ein eigentümlicher Anblick ist, indem nämlich ein Chinese mit seinen Füßen auf einer Art Schwippe hin und her läuft, an deren einem Ende ein schwerer Hammer befestigt ist, der auf eine Tonne Reis fällt und durch die Erschütterung diesen von der Spreu reinigt. Die Bewegung geht rhythmisch straff, wofür die Chinesen überhaupt Sinn haben, weniger in der Musik als in der Handarbeit.

Unser nächster Weg war zu einer Seidenweberei, wo eben ein violetter Stoff mit buntem Muster gewoben wurde. An jedem Webestuhl, wo reichere Stoffe (also mit Mustern) verfertigt werden, sind zwei Männer beschäftigt, bei den einfarbigen hat einer die ganze Arbeit. Ich würde gern die Tätigkeit schildern, da ich aber, trotz der zwanzig Seiten in den „Wanderjahren" darüber, die einzelnen Benennungen nicht gut genug kenne, lasse ich es lieber sein. In einem Laden, wo ich für die Schwestern wunderschöne Seide und Crêpe de Chine kaufte, frug mich ein altes Original von einem Chinesen, wie alt ich sei; auf meine Antwort hin war er hocherstaunt, daß ein Mensch in meinem Alter schon solch einen Schnurrbart habe. Ich fühlte mich so geschmeichelt und hocherfreut, wenigstens in China anerkannt worden zu sein, daß ich beim Kaufen nicht einmal besonders herunterhandelte.

Unter der Stadtmauer hinweg kamen wir in die Neustadt Kanton, die aber geradeso aussieht wie die andre alte. Unser Führer zeigte uns ein öffentliches Restaurant, in das wir gingen, um die Einrichtung zu sehen. Man staunte uns auch hier an wie überall, und wir haben gewöhnlich ein ganzes Gefolge von Neugierigen, die es nicht an spaßhaften Bemerkungen über uns dazwischen fehlen lassen. Von dort fuhren wir nach dem Hotel und lunchten. Clements Magenschmerzen hörten noch nicht auf, und er legte sich nachmittags auf sein Bett, um sie in Ruhe vorbeiziehen zu lassen. – Gegen halb vier Uhr mußte ich also allein weiterfahren, um mich in der Stadt umzusehen.

Zuerst führte mich der Mann zu einer kleinen Volksküche, wo er mich ein chinesisches Nationalgericht kosten ließ, nämlich Katzen- und Hundefleisch. Ich bekam zuerst einen kleinen Schrecken, wie er mir meldete, was da in den Töpfchen zu kleinen viereckigen Stücken zerschnitten lag, doch besiegte ihn die Neugierde; ich setzte mich hinten im Laden an einen kleinen Tisch, und nun suchte ich, so gut ich konnte, unter dem Jubel der zuguckenden Passanten, an den zwei Eßstäbchen die kleinen Katzen- und Hundeteilchen festzuhalten und mit Balancieren und Equilibrieren in den Mund zu stürzen. Das Katzenfleisch schmeckte gar nicht schlecht, zart, etwas weichlich, wie Ziegenfleisch, während das Hundefleisch mir doch etwas zu toll war und ich mit wahrer Begeisterung noch ein Katzenstückchen aß, um den Geschmack ihres Feindes zu verlieren. Doch leider siegte der Hund in diesem Falle und begleitete mit eigentümlichem Bellen den unglücklichen Besitzer bis zum Tempel von Honam.

Eine längere Fahrt brachte uns auf einen Platz, wo links die Swatowhalle steht, rechts ein Barackentheater in voller Tätigkeit war: es war wieder ganz dasselbe Zeug wie in Singapur; wir zwei stellten uns etwas hin, und der Führer explizierte mir das Stück, aber mit so komischem Englisch, daß ich gar nichts davon verstand. Angeglotzt wurde ich von den Zuschauenden wie ein wildes Tier, so daß wir bald uns in jenes Gebäude begaben, welches eine Art Klub ist, mit zahlreichen Höfen, Pavillons, zwei Bühnen, kleinen Höfen mit Bäumen und den eigentümlichen Kreistoren, hübschen Granitsäulen und Drachen außen herum. In diesen Räumen versammeln sich reiche Kaufleute und bringen ihre Opfer der Königin des Himmels Tin-han. – Von hier nahmen wir ein Boot und fuhren nach dem andern Ufer hinüber, nach der Vorstadt Honam. Zuerst erblickten wir ein großes Theatergebäude, das nach der Aussage des Führers sehr gut sein soll; dann führte er mich in die Besitzung der Howquafamilie, die durch ihren Reichtum eine große soziale Stellung einnimmt; der Sohn soll jetzt allerdings heruntergekommen sein, und ich glaubte es gern, denn die Gärten sind teilweise ganz vernachlässigt. Das Ganze ist ein riesiger Komplex von Gebäuden: Pavillons, kleinen Kapellen, Höfen, Gängen zwischen den grauen Mauern, kleinen Gärten, einem größeren Teich mit Lotos, daran grenzend Sommerpavillons und so weiter. Gemütlich sind diese Wohnungen eigentlich nicht, außer dem Sommerpavillon; der graue Ton, der über alle Mauern sich ergießt, gibt dem ganzen etwas Kaltes und Ödes, und wenn die Sonne heiß auf den Boden brennt, muß es recht erstickend dort sein. Einem der Familie Howqua begegnete ich; er gab mir die Hand und lächelte freundlich, ging aber gleich weiter, da er wahrscheinlich nur wenige englische Worte kann. Er war so einfach gekleidet, daß ich ihn nimmermehr für einen Vornehmen gehalten hätte.

Zum Landungsplatz zurückkehrend, bogen wir südlich ab, um in den nahen Honamtempel zu gehen, der einer der größten Buddhistentempel in ganz China ist; er stammt aus dem Jahre 1600 und wurde um das Jahr 1700 erweitert. Eine wundervolle Allee uralter Bananenbäume mit ihren leidenschaftlichen Wurzeln und Ästen führte zum zweiten Eingangstor, wo wieder die vier Monstren stehen; die Anlage ist fast dieselbe wie beim Fünfhundert-Weisen-Tempel, nur das alles größer ist. Wir wandten uns links, gingen durch die Wohnungen der Priester, durch deren Küche, Speisesaal und so weiter, und kamen schließlich in die Gärten, die sich hinter den Tempeln ausdehnen; sie sind ziemlich ungepflegt, nur ein kleiner Teil ist mit zu Figuren beschnittenen Bäumchen geschmückt. Ich sah – im Weitergehen – die Stelle, wo die Leichen der Priester verbrannt werden, und das Mausoleum, wo ihre Asche in Vasen aufbewahrt ist und vor dem ein kleiner Teich mit ärmlichem

Lotos grün und braun schimmert. – Wir gingen zurück in den ersten Pavillon, wo auch wieder die drei kolossalen Buddhas stehen. Es sollte jetzt Gottesdienst sein, und ich war sehr gespannt darauf; mein Führer und ich setzten uns in eine dunkle Ecke links, von wo aus ich eine Zeichnung machen wollte. Allmählich kam ein Priester nach dem andern herein, sie schwätzten und lachten, unterhielten sich mit meinem Führer, sahen meine Aquarelle an, musterten meinen Strohhut und meinen Stock, machten Witze über die Götzenbilder, kurz, waren so unpriesterlich wie möglich. Sie haben glattgeschorene Köpfe; ihr Gewand ist grau und schwachgelb, das heißt, über das graue Untergewand schlagen sie den rohseidenen Mantel um die Schultern, so daß er schöne Falten bildet und das Ganze ein wundervolles zartes Aussehen hat. Ich erinnere mich kaum, je eine solch zarte Farbenzusammenstellung gesehen zu haben; wenn man dagegen an die katholischen Pfaffen denkt mit ihren steifen überladenen Pianetten! – Eine Glocke von außen kündigte nun an, daß der Hauptpriester komme; er trat ein, ein alter Herr von achtzig Jahren, so gesund und so zart; sofort begann nun der Gottesdienst, indem sich die Priester an verschiedenen Stellen des Tempels in Gruppen von drei bis vier Mann aufstellten und ein Priester neben uns auf der kolossalen Trommel, die auf einem hohen Gerüste liegt, das Zeichen zum Anfang gibt, der in einem dreimaligen Niederknien und Berühren des Kopfes mit dem Boden besteht; sodann folgen Gebete, die durcheinandergesprochen werden, begleitet entweder von einer kleinen Klingel oder einer topfähnlichen Trommel. Der Rhythmus wechselt öfters, zuerst einfache Sechzehntel, dann Gavottenrhythmus reinster Art, sofort auf Lullys Melodie zu singen, und so weiter. – Nach diesen Gebeten, die der Hauptpriester mit dem Gesichte zum Altare gesungen hat, wendet er sich um, tritt dem Eingang näher und wirft sich nieder zur Anbetung der Sonne; die andern Priester haben sich auch gewendet, bleiben aber an derselben Stelle stehen. Es machte auf mich einen erhabenen Eindruck, wie dieser alte Priester mit schönen großen Bewegungen beim Knien, Niederfallen und Wiederaufrichten unverwandt hinanblickte und zur Sonne betete; wenn man nach den vorangegangenen komischen Szenen auch annehmen kann, daß alles ohne tiefe religiöse Empfindung geschieht, so genügt doch schon die Schönheit der Bewegung und des Gedankens, um dem Zuschauenden jeden Zweifel zu nehmen und ihn selbst in eine ekstatische Empfindung zu versetzen; der Priester wird zum dramatischen Darsteller, und der Eindruck, zu einem künstlerischen geworden, wird auf diesem Wege zu einem religiösen. – Nach diesem Akt erfolgte ein dreimaliger Rundgang sämtlicher Priester durch den Tempel, was sich ganz besonders schön ausnahm. Dann stellten sie sich wieder an ihren alten Platz; es folgten Gebete wie zuvor, die ziemlich lächerlich klingen, wie Froschquaken; nach dreimaligem Niederknien ist die Zeremonie beendet, und die Priester verteilen sich in ihre Wohnungen.

Dienstag, 19. April.

Was mir im Vorübergehen besonders auffiel, war der Singvogelmarkt in der Nähe des großen alten zweistöckigen Tores der Tugend, wo Tausende von kleinen und großen Singvögeln in meist engen Käfigen wehmütig dem fernen nahen Lenz ihr Lied zuriefen; doch werden sie hier gut behandelt, und von Tierquälerei wie in Spanien und Italien habe ich nicht eine Spur gemerkt. Die Käfige sind rein und niedlich gehalten, die Tierchen haben ihr Bad und buntbemalte Eßnäpfchen. An sehr rhythmisch hackenden Fleischern vorbei, die, wie alle in Kanton, ihr ganzes Werk vorn an der Straße verrichten, führte mich Wong Jew, unser Chinese, zu den Gefängnissen, die gerade nicht dazu geeignet waren, meine Stimmung sehr zu erheitern; ja, ich kann sagen, der Eindruck des dort Geschauten und Vernommenen hat mir lange trüb nachgehängt, und das Bild jener Frau, von der ich erzählen will, wird mir wohl nie entschwinden. Die Anlage der Gefängnisse ist kolossal: man tritt durch ein Tor in den großen Vorhof, an dessen Ende sich der Richtersaal befindet, architektonisch nicht bedeutend; ebenso in der Bauart wie Tempel und Yamun. – Während in den Räumen, die sich rechts an den Hof anschließen, die Verhafteten sich aufhalten, befindet sich links in drei Komplexen das eigentliche Gefängnis, dessen einstöckige Räume durch ein wahres Labyrinth von Gängen und Türen gesondert sind. Die Gänge sind unbedeckt, die Farbe des Steins, wie bei den meisten Gebäuden, grau. – Nachdem ich zuerst zu den leichten Sträflingen geführt worden, brachte mich mein Führer zu den Verbrechern, welche den hölzernen Kragen tragen müssen; sie guckten uns neugierig an, langten mit der Hand heraus, um Geld zu erhalten, und schienen nicht besonders unglücklich zu sein über ihre Strafe. Etwas schwerere Verbrechen als die ihrigen werden mit so entsetzlich schweren Kragen dieser Art bestraft, daß die unglücklichen Träger unter der Last gleich zu Boden stürzen und nach kurzer Zeit sterben. Ich sah solche Krägen im Hofe liegen und konnte sie kaum aufheben. Die schlimmsten Verbrecher, welche im entferntesten Teile der Gebäude liegen, durfte ich nicht sehen; dagegen wurden mir die Frauen gezeigt, welche als Mörderinnen angeklagt waren. Nach langen öden Gängen gelangten wir zuerst an ein rundes Loch in der Wand, durch das die Gefangenen von einem Kanale aus hereingesteckt werden; im Augenblicke, wo sie durchgetrieben werden, stechen von oben spitze Messer herunter, die das Fleisch der Armen blutig zerreißen. – *Guarda e passa*! O hätte mein Führer das mir zugerufen; doch mit der Roheit des Gemeinen erging er sich hier in den entsetzlichsten Schilderungen der Martern, und ich verstellte mich, als hörte ich gelassen und mit Wißbegierde zu. Warum man sich nur geniert, Gefühle offen kundzugeben! Ich hielt es für weibisch, hätte ich ihn gebeten aufzuhören! Das Furchtbare an der Sache hier war, daß diese Greuel immer noch geschehen – ja, daß am Nachmittage dieses selben Tages eine so greuliche Hinmetzelung stattfinden sollte und daß der Führer mich aufforderte, dahin zu gehen. Wir traten nun bei den Frauen ein, und ich werde wohl nie dieses Erlebnis vergessen: in einem kleinen Raum, der vorn einen, nach dem hinten angrenzenden kleinen Hof zwei offene Eingänge hatte, sonst vollständig schmucklos war, saß auf einem niedrigen Schemel an der Rückwand eine bleiche schöne junge Frau, ja, schön, wie ich kaum eine zuvor hier in China sah; sie erinnerte mich an jene alten Madonnen des Fra Angelico, des Giotto, wie sie so dasaß an dem Tische, umgeben von sechs anderen Frauen, die, wie ich erfuhr, Kindsmörderinnen waren. Sie hielt in den feinen schmalen Händen die Dominos, um sie zum Spiele zu verteilen. Der Blick war gesenkt, als wir zuerst eintraten, doch sie hob ihn, und er ruhte scheu und fragend auf mir, als wollte sie wissen, ob ich aus dem ihrigen ihre Schuld lesen könnte. Dann sah sie weg, mit einem unfreien Lächeln verfolgte sie die frechen Anbetteleien der übrigen greulichen Weiber, die wie Hexen aussahen und uns um Geld bestürmten, während wir uns die andern Räumlichkeiten ansahen. Als wir wieder in das Zimmer zurückkehrten, saß sie noch an derselben Stelle; sie sah uns kaum an, sprach mit den andern Weibern, und ich beobachtete an ihrem Munde einen Zug, der mich erschrecken mußte: es drückte sich da eine Kälte, eine Herzlosigkeit aus, die mich wohl davon überzeugen mußten, daß sie schuldig war, daß vielleicht nicht einmal ein leidenschaftlich wütender Moment sie getrieben hat, ihren Gatten zu töten, sondern daß ein perverses Motiv dieser Handlung zugrunde lag. Und trotzdem wollte es mir kaum möglich erscheinen, und ich mußte staunend wieder diese feinen Züge betrachten, die zarten, gespitzten Lippen, die großen Rehaugen, den schönen Teint, der in seiner Blässe die einzelnen Glieder nur noch an Feinheit erhöhte. Mein Führer sagte mir, daß sie keine Ahnung habe, was ihr bevorstehe. Ihre Schuld mußte so schwer sein, daß sie nicht einmal mit einfachem Tode bestraft werden soll:

ihr droht das Furchtbarste im kommenden Monat – sie wird in dreißig Stücke zerhackt. Nach dem siebten Schnitt sterben gewöhnlich die unseligen Opfer.

Mittwoch, 20. April.

Wir waren wieder im Zentrum der Stadt, und zwar bei der berühmten alten Wasseruhr, die die Zeit für Kanton und Umgebung bestimmt. Eine Freitreppe führt zum Turm hinauf, wo sich die drei Wasserkrüge schief übereinandergestellt befinden und von einem in den andern das Wasser tröpfeln lassen, wonach die Zeit bestimmt wird. Außerdem brennt Joß da, auf dem in bestimmten Entfernungen ein schwarzer Strich gemalt ist, welcher angibt, daß bei seinem Verkohlen eine Stunde vergangen ist. – Die Aussicht auf das Häusergewimmel vom Turme ist reizend; ich bemerkte auch, daß auf allen Häusern grün gebrannte Tonkrüge stehen, die das Regenwasser auffangen sollen, um dasselbe gegen Feuer benützen zu können. Von hier fuhren wir nach dem Osten der Stadt, über entzückende Brücken, die Blicke auf die kleinen Kanäle gewährten, wo plumpe und schlanke Sampans mit herrlichen Gemüsen, getrockneten Fischen und so weiter sich mühsam durchzwängten, an all den herrlichen Läden vorbei, die so namenlos verlockend sind, daß man fast Scheuleder an den Augen haben möchte, um nicht ganz bankrott zu werden. Der Anblick der Straßen und alles dessen, was darauf vor sich geht, ist jedesmal von neuem etwas so Phantastisches und Unterhaltendes, daß man keine Sekunde den armen Augen Ruhe gönnen kann. Wir gelangten zu den Prüfungshallen, wo alle drei Jahre die Prüfungen junger Leute stattfinden. Die Anlage ist ganz kolossal, über elftausend Zellen sind im großen Hofe rechts und links von der zu den Pavillons führenden Allee erbaut, wo die Knaben jeder getrennt sitzen und ihre Aufgabe zu machen haben. Es ist wirklich erstaunlich, wie weit die Bildung in die ärmsten Kreise verbreitet ist: jeder Chinese kann lesen und schreiben! Könnte das jeder Italiener, jeder Spanier sagen? – Auf dem Platze vor den Gebäuden trollten sich mehrere Schweine herum; sie sind so witzig hier in China, sie lachen beständig mit dem Ringelschwänzchen; hoffentlich ist es nicht *fausse bonhomie*. – Kleine Bettelkinder mit ihrem beständigen Tschin-schin-Gequietsche machten mich ganz nervös; und ich schimpfte auf deutsch, was natürlich mit tüchtigem Hohngelächter erwidert wurde.

Wir waren jetzt so ziemlich an der Grenze der Vorstädte. Die Straßen haben da einen andern Charakter, dadurch daß kaum Läden vorhanden sind und der Himmel frei heruntersehen kann. Durch graue Mauergassen fahrend, kam ich zum Kwong Nga Shü Kuk, einem literarischen Klub mit Vergnügungsräumen. Es war dies das Reizendste, was ich an Profanbauten sah, von einer Feinheit des Geschmackes, einem Sinne für Raum, Bequemlichkeit, Eleganz, Farbenverbindung, wie man es sich wirklich nicht schöner zum Darinleben und -arbeiten denken kann. Ein hübscher Salon nach dem andern, immer durch kleine Gärten, Lotosteiche, Säulenhöfe, Gewächshäuser getrennt, so daß man immer Grün und Blumenfarbe schimmern sah; und alles so heiter und leicht, und immer voll von Phantasie! Wir Armen mit unsrer ewigen Hochrenaissance und ihren abgenützten schwerfälligen Motiven! Ist denn alles andre gleich verwerflich und ketzerisch, was nicht direkt vom seligen Vitruv herstammt? Wie wohltätig ist diese Einfachheit hier: nicht immer gleich eine Karyatide, wo eine einfache dunkle Holzsäule denselben Dienst tut. Und bei aller Platzverschwendung bleibt es doch immer intim. Man fühlt, daß man Raum in Fülle hat, und die Begrenztheit tut so wohl. An diesem Gebäude könnten wir ordentlich lernen. – Allerdings – das China!

In der Nähe dieses Klubs liegt der Hinrichtungsplatz; ich ging hin und sah die Töpfe, an deren Rande Einbiegungen angebracht sind, worin das arme Opfer den Kopf senken muß, um den Streich von dem Schwerte zu empfangen. Der Scharfrichter, der uns herumführte, holte aus einem der alten Töpfe einen Totenkopf heraus und zeigte mir das Schwert, das in einem Jahre oft über dreihundertmal sein strenges Werk vollbringt. – Der ganze nicht große Platz war mit solchen Töpfen angefüllt, die eben frisch von Arbeitern an Ort und Stelle geformt worden waren. Der Kerl verlangte zehn Cent für jedes, was er mir gezeigt. Sie haben das Geld ein wenig zu gern, diese lieben Chinesen, und sie fühlen die größte Wonne, wenn sie so mit den Dollars auf dem Tische herumklappern, um zu prüfen, ob sie echt sind.

Donnerstag, 21. April.

Unsre Fahrt führte uns in den äußersten Osten der Stadt, etwas nördlicher wie gestern, zu den Toren hinaus, am Exerzierplatz und hübschen Matten und Wiesen vorbei zur Totenstadt, und zwar der Reichen. Zuerst ging man an einem größeren Teich vorbei, der von schönen Bäumen umgeben war, wo zahllose Störche nisteten und sich auf den Zweigen wiegend durcheinander klapperten. Am Ende des Wassers liegt das trauliche Hospiz für alte Männer; durch ein Tor rechts kommt man zum Eingang der Totenstadt, wo drei uralte Bananenbäume fast entlaubt stehen. Ein junger freundlicher Buddhistenpriester empfing uns und zeigte uns die Gräber. Der Eindruck auf mich war heiter, ohne alles Schreckhafte, wie bei uns die Friedhöfe; das Ganze besteht aus schmalen, schöngepflasterten Straßen, an denen die einzelnen Kapellen liegen; alles ist klein; es befinden sich nur ungefähr siebzig Särge hier! Ich sah mir mehrere der Kapellen an, besonders die eines vor sechs Monaten gestorbenen Mandarins. Man betritt zuerst einen kleinen Vorraum, der von der Gasse nur durch ein offenes Holzgitter getrennt ist; hier steht der Altar mit Joß, Kerzen, Statuetten, mit einer vollen Teetasse und einer Reihe Tellerchen mit Bonbons als Opfer für den Toten. An den zwei anderen Wänden hängen lange Leinwandstreifen mit Klagesprüchen darauf, die meistens damit schließen: „Bald werden wir dich im andern Leben wiedersehen." Von der Decke hängen lustige bunte Lampen herunter mit Schmetterlingen und künstlichen Blumen. Hinter diesem Vorraum, wieder durch ein Holzgitterwerk abgetrennt, welches zwei Eingänge dorthin öffnet, ist der Raum, wo der Sarg steht, gerade hinter dem Altare; daneben ist rechts ein Lager mit Decken, als hätte der Tote es eben in der Nacht benützt, während links davon noch ein Lager steht, wo der Sohn des Mandarins nun seit sechs Monaten jede Nacht Wache hält. Die Särge bleiben in diesen Kapellen so lange, als die Hinterbliebenen sie ausstatten können; dann kommen sie in den Beerdigungsgrund außerhalb der Stadt. – Gegenüber vom Eingang stehen auf breiten Streifen die Titel und Würden des Verstorbenen, sowie besonders ehrende Erlebnisse desselben, wie zum Beispiel, wenn er mit dem Kaiser ein Gespräch gehabt hat. Ihr Gebet sprechen die Hinterbliebenen, dem Sarge abgewandt, am Eingang der Sonne zu.

Sonnabend, 23. April.

Wong Jew ging fort, um sich fein für den Abend zu machen, denn wir sollten mit ihm in ein chinesisches Restaurant, wo er uns ein Diner geben wollte, das wir übrigens für uns doch bezahlten. Um sechs Uhr kam er wieder, in einem hübschen weißen Crêpe-de-Chine-Überkleid und seidenen Höschen, mit einem Fächer und hübschen Pantoffeln. Wir folgten ihm nach dem in der Nähe an einem Kanal befindlichen Restaurant, wo wir einen der komischsten Abende verleben sollten. Durch enge Gänge und Treppen kamen wir in den zweiten Stock, wo in einem dreiteiligen Zimmer mit Balkon nach dem Kanale zwei Freunde Wong Jews und zwei kleine Dämchen sich eingefunden hatten. Die letzteren hatten sich fein kostümiert, graublaue Obergewänder mit breiten schwarzseidenen Doppelrändern, feine Pantoffeln, die Frisur von einer namenlosen Kunstfertigkeit, ganz glatt aus der schmalen spitzen Stirne gestrichen, und zwar so, daß sie an den Ohren eine Wulst bildeten, während sie hinten in einem Schopf enden, der mit allerhand Schmuck bedeckt ist; an den Ohren zarte Ohrgehänge, meistens Silber mit den Fischreiherfedern. Das Gesicht ist höchst gepflegt, die kleinen Härchen sind alle wegrasiert, die Augenbrauen mit einem Kohlenstrich in hohem Bogen gemalt, die Wangen besonders geschminkt, und diese Damen sehen mehr wie Masken als Menschen aus; es gibt wohl manche hübsche unter ihnen, aber in der Regel sind sie nichts weniger als anziehend, besonders infolge ihrer starren Leblosigkeit. Sie sind das gerade Gegenteil der Japanesinnen, die so zutraulich, heiter, graziös und lebendig sind. –

Es erschien allmählich eine nach der andern, und schließlich waren ungefähr zehn solche Mädchen versammelt, die uns Kurzweil bringen sollten. Diese bestand aber darin, daß sie um einen runden Tisch saßen, sich gegenseitig arrangierten, falls etwas am künstlichen Bau gestört war; daß sie sich in einem kleinen Taschenspiegel besahen und Zigaretten anzündeten. Die Männer kümmerten sich kaum um sie und jene auch nicht um die Männer; wir zwei wurden starr angestaunt. Wir gaben ihnen die Hand und suchten diesen Mienen ein Lächeln zu entzaubern. Doch wollte es nicht gelingen. Wir setzten uns kühn an den Tisch und versuchten unermüdlich weiter, diese Wesen zu wecken. Gott sei Dank brachten wir es so weit, daß eine von ihnen mit gebrannten kleinen Bohnenkernen, wie die Chinesen sie gern knabbern, ein Bombardement gegen uns eröffnete, was wir natürlich eifrigst erwiderten, um ja nicht den mühsam entfachten Funken wieder ausgehen zu lassen. Ganz allmählich regte sich dann eine andre, die, zu welcher mich der Führer vor einigen Tagen zum Tee geführt hatte. Sie begann unsre Toiletten zu mustern; besonders bewunderte sie mein blauseidenes Taschentuch aus London, und da sie mich darum bat und ich dadurch ihre Lebendigkeit anzufachen hoffte, schenkte ich es ihr; sie packte es gierig, roch daran, wozu sie ein mißbilligendes Gesicht machte, und steckte es ein. Wie war ich enttäuscht; sie blieb, wie sie war, und mein Taschentuch war weg.

„Musik!“ rief uns Wong Jew. Wir bekamen einen Höllenschrecken; es war zu spät: der Radau ging los. Ein Mädchen nach dem andern sang oder quietschte sein Lied, wozu es auf einem hohlen Holzklotz ohrenzerreißende Schläge tat; dazu Mandolinen und eine kreischende Oboe. Der Lärm war derart, daß wir gleich ein Mordskopfweh bekamen; wir zogen uns in die zweite Abteilung des Zimmers zurück, wo auf geflochtenen Lagern Opium geraucht wurde. Wong Jew forderte uns auf, auch zu rauchen, und jeder von uns tat einige Züge aus der Pfeife, ohne ihr Geschmack abgewinnen zu können. Die Lippen brennen etwas, und man wird in den Rauch eingehüllt, dessen Geruch mir jetzt ganz widerwärtig geworden ist. –

Die Radaumusik dauerte endlos, wir wurden halbverrückt und konnten sie doch nicht hemmen, denn die andern fanden es herrlich. Was müssen diese Menschen nur für Ohren haben! Wir sehnten das Essen herbei, und schließlich kam es auch heran, nachdem ausradaut worden war; für die Katzenmusik mußten wir diesen blöden Dingern einen Dollar zahlen. Das Essen kam; wir fünf Männer setzen uns um einen runden Tisch auf Bambusstühle in der hinteren Abteilung des Zimmers. Die Mädchen aßen nicht mit; sie setzten sich hinter uns und guckten uns zu. Ihre einzige Teilnahme bestand darin, daß sie alle Minuten nacheinander auf unser Wohl Birnenwein tranken und zwar aus winzigen Gläsern, von denen man im Verlaufe des Diners ungefähr zwanzig bis dreißig leerte. Das Getränk ist ganz gut; beim Zutrinken mußte man höchst feierliche Gesichter machen und „schin-schin" sagen. – Das Diner begann; auf dem Tische standen in kleinen Schalen grüne (durch hermetisches Schließen so gewordene) Gänseeier, eine chinesische Spezialität, Oxtail und Orangenschnitten. Wir mußten mit den zwei Stöckchen essen, was uns anfangs nicht recht gelingen wollte, bis wir es allmählich zu einer annehmbaren Virtuosität darin brachten. Das war nun der erste Moment, wo diese dummen Dinger gelacht haben, als sie unsre Ungeschicklichkeit gewahrten. Als zweites Gericht folgten Haifischflossen, mit anderm Zeug in einem Tiegel zusammengepantscht; es schmeckte ausgezeichnet, und mein Nachbar zur Rechten, ein liebenswürdiger, etwas schmächtiger junger Mann, füllte mehrmals mein Schälchen, während Clement sich vor Überladung seines gekränkten Magens in acht nehmen mußte. Die Flossen sind in lange dünne Fasern geschnitten.

Immer in den Pausen meldeten sich die durstigen Damen und tranken die Runde. Wong Jew spielte den liebenswürdigen, stolz bewußten Gastgeber, indem er uns über die Speisen und deren Zubereitung auf das genaueste unterrichtete. Der dritte Chinese versuchte auch eine englische Konversation zusammenzustoppeln, aber da wir keine Silbe davon verstanden, halfen wir uns mit unaufhörlich lächelnder Miene. – Herein kam der dritte Gang, Chinas größte Delikatesse: „Vogelnester". Wir waren etwas enttäuscht, es schmeckte einfach nach gar nichts; trotzdem habe ich davon für Wahnfried mitgenommen, weil es eben so knallberühmt ist. Es folgten famose Frösche, reizend hergerichtet; sie schmeckten fast wie Huhn. Dann kamen Ente und Taube, Fischgehirn, Schnepfe mit Kastanien, ein herrlicher Fisch, zuletzt Süßigkeiten, die hier ganz köstlich sind, meistens gefüllt mit Jam, Nüssen oder Kokoskompott; sie sehen auch so nett und sauber aus wie alles, was dieses Volk macht. Man stand auf und setzte sich nebenan, um zu rauchen; Wong Jew rauchte Opium, wir zwei saßen in seiner Nähe und wurden allmählich von der Mädchenschar umringt, die alles, was wir anhatten, musterten; ja eine, die sich als recht frech entpuppte, musterte meine Strümpfe und Waden, wofür ich sie damit strafte, daß ich sie an ihren Ohren zupfte. Clement fuhr sie in die Haare, doch geschah dies alles immer so unspaßhaft, daß man kaum zu lachen wagte.

Um den Abend nicht so enden zu lassen, faßte ich einen großen Beschluß, nämlich Ballett zu tanzen. Ich kündigte europäische Tänze an; alles gruppierte sich auf Stühlen, Clement und ich bekamen krampfhafte Lachanfälle, und ich ging los mit meinen gewohnten „*pas*". Es machte großen Eindruck, und die Mehrzahl der Gesichter starrte mich ernst an, während nur einige für sich kicherten. –

Wir setzten uns nochmals an den Eßtisch und bekamen laues Reiswasser; wir fanden es schauderhaft, rühmten es aber natürlich laut. Dies war der Abschluß des Abends; wir wuschen die Hände und gingen fort, ohne daß diese kleinen Gänse einem nur adieu gesagt hätten; sie liefen einzeln hinaus, um andern Gästen im Restaurant ihre geistvolle Gesellschaft zu leisten.

Auf den Philippinen

Dienstag, 10. Mai.

Um halb fünf Uhr wurden wir glücklich herausgerüttelt; es war noch halb dunkel, und die Träume hingen schwer herab, so daß es schon der Energie bedurfte, um gleich aufzustehen; erleichtert wurde dies nur durch das unerhörte Hahnengekrähe draußen, wovon die ganze Luft zu vibrieren schien. Ich habe nie etwas Ähnliches gehört. Wir packten schnell unsre paar Sachen und fuhren gleich ab mit einem Wagen nach der Stelle, wo der Flußdampfer hält; dieser soll uns zunächst nach Calamba am großen Binnensee oder Lagune, wie er hier allgemein heißt, führen. Der Morgen war einfach göttlich; die Luft ist hier schöner als irgend, wo wir zuvor waren. Die Landschaft sah ganz entzückend aus: rechts und links vom schmalen Fluß erhoben sich die zarten Bambushaine, unterbrochen von Bananenpalmen und Dörfern, vor denen Frauen mit roten Kleidern und nackte Kinder stehen, und dazwischen Kirchen, die, an und für sich häßlich, doch mit ihren geraden abgegrenzten Linien gegenüber diesem lieblichen Wirrwarr wohltätig wirken. – Die Fahrt wurde immer reizender. Ein endloser Bambuswald erschien, davor eine Heide mit den lieben dicken Carabaas, und ganz in der Entfernung tauchten blau majestätische Berge auf, von denen einer uns durch seine herrliche Form besonders auffiel; es war, wie wir später erfuhren, der erloschene Vulkan Banahao, den wir morgen ganz in der Nähe sehen sollen. Nachdem wir durch einen Hain von Bambus gefahren, sahen wir die Lagune vor uns, vom Norden bis Südosten von Bergen begrenzt. – Anfangs ist das an und für sich häßliche braune Wasser sehr seicht, und man sieht Fischer im Wasser stehend ihre Netze auswerfen. Zwei Reihen Pfähle müssen eine lange Strecke dem Schiffe die Richtung weisen. Je näher wir den Bergen kommen, um so mächtiger und schöner wurden ihre Linien. Von Norden ragt eine Halbinsel tief herein, welche den See in zwei Hälften teilt.

Bald nach dem Essen kamen wir in Calamba an, das noch in der Ebene, aber nahe an einem waldreichen Berge liegt. Mit vielen Philippinern und einigen Tschung-Kwoks wurden wir in ein Übersetzboot gestopft, das, mühsam gerudert, nach einigen Minuten an den sandigen Strand gelangte. Dort harrten, halb im Wasser, die zweirädrigen Caramatas, bespannt mit zwei Ponys; wir zwei stiegen in eine, Antonio mit unsern Handkoffern in eine andre. Nun ging's los! – weiß es der Himmel, was nämlich! nach drei Schritten das erste Pony, welches schlecht angebunden war. Als es glücklich angeflickt war, begann die Fahrt; eine Fahrt, die uns zwei in vollständige Mazeppas verwandelte! Über Stock und Stein, über Felsen, Abhänge, Berge hinauf in rasendem Galopp sausend, brausend, hinunterfliegend, daß unsre Köpfe aneinanderstießen; das Pikkolo heulte, die Bratschen *col legno* hackten an uns, die Posaunen rannten wild staubaufwirbelnd am Boden dahin, das Becken peitschte und zerschmetterte unsre Glieder – so wirbelten wir dahin! Aber auch uns erschien das herrliche Bmoll-Thema: eine Vegetation tat sich auf an jenen Abhängen des Berges, wie wir noch nichts Ähnliches gesehen; der Sonnenvogel flog umher, flamingoähnliche weiße Vögel in großen Horden flogen von den Wiesen auf, alles lebte ringsherum, tausend Vögel zwitscherten und sangen ihre chromatischen Gänge, ein Gewirr von Schlingpflanzen umschlang die mächtigen Bäume, die wirren Sträucher, Düfte durchwoben die Luft, in der Ferne glänzte sonnenbeschienen der See – kurz, es war göttlich und sollte immer schöner werden – doch da sausten unsre Viecher weiter, der Kutscher sah uns erstaunt an, wenn wir so in die Luft flogen, nachdem er eben einen ganzen Felsen hinuntergefahren. Nach anderthalbstündiger Hetzjagd gelangten wir nach Los Baños; wie wir ausstiegen, konnten wir leider nicht das *et se relève roi* ausführen, sondern wie zwei Beckmessers hinkten wir daher und waren froh, im Hotel auf einen Stuhl uns niederzulassen. Allmählich gewannen wir unsre Sinne wieder, besonders als diese Höllensöhne von Kutschern uns betrügen wollten. Das Hotel liegt hübsch am See in der Nähe des kleinen Ortes Los Baños, dessen verfallene kleine Kirche wir von unserm Zimmer sehen konnten. Anschließend an das Hotel sind die heißen Quellen, die im Januar bis April viel von den Spaniern in Manila benützt werden. – Wir nahmen unsre eine Caramata und fuhren denselben Weg, den wir gekommen waren, fünf Minuten zurück; dann bogen wir links ein. Vor uns lag der schöne Berg in nächster Nähe; zwei Vorsprünge zu unsern beiden Seiten bildeten, tief bis an den Hauptberg sich windend, eine hohe, zuerst ziemlich breite, dann immer schmaler werdende Schlucht. Uns ahnte etwas Gewaltiges, und es überkam uns ein Gefühl, das halb Neugierde, halb Scheu vor dem war, was wir erleben sollten. Im Dunkel der Schlucht herrschte eine geheimnisvolle Stille, nur schwach vernahm man das Rauschen des Baches, der dort entspringt und der Lagune sich zuwendet. Wir näherten uns, stiegen aus dem Wagen und gingen den steinigen, erst steilen, dann sich plötzlich senkenden Weg; wie wir gerade an der Senkung anlangten, gewannen wir den ersten Anblick des Baches und der darüber links sich erhebenden Felsenwand, an der sich von dem Spiegel des Wassers an bis zur Höhe eine toll üppige Vegetation hinanrankte. Gleich dieser erste Eindruck war so gewaltig und so überraschend neu, daß, als es beim Weitergehen immer unerhörter ward, als wir uns mitten in dem tropischen Urwald befanden, wie er nur in Brasilien sonst sein soll – als wir diese nie geahnten Wunder einer über alles Maß reichen und schönen Naturgewalt sahen – daß uns fast nichts übrigblieb, als mit Mühe Tränen zurückzuhalten, Tränen der dankbaren, das Übermenschliche anbetenden Wonne! Wir vermochten kaum zu sprechen; unsre Stimmung war, wie wenn wir eines der Werke hören, oder wie damals, als ich die Parthenonreste in London sah – alles schien sich in uns aufzulösen; alles schwieg in uns, außer jenem Gefühle, das uns selbst schon wie zu Schlingpflanzen verwandelte, sehnsüchtig an urheiligen Stämmen hinaufwachsend. Wollte ich schildern, was alles unserm Auge erschien, wie elend dürftig würde es ausfallen: Wie das ernst Erhabene der Bäume, das wollüstig Schmeichelnde der Schlingpflanzen, das entzückend Spielende der Tausende von bunten neuen Schmetterlingen, wie das alles, befruchtet von dem rauschenden Bache und den dicken Regentropfen, sich zu einem bestrickenden

Ganzen verband: wie oft der Bach ganz verschwinden muß, weil die Farrnbäume und Fächerpalmen ein tiefgesenktes Dach über ihm bilden; wie dann wieder die Bambusstauden über dem Wässerchen hängen, teils zerknickt, von ihm bespült werden; wie von den Bäumen an der Krone neue Stämme abwärts wachsen, oft den Boden nicht erreichend, da sie einen andern Zweig gefunden, an den sie sich klammern können; wie die frechen Parasiten und Orchideen die ehrwürdigsten Stämme des Saftes berauben! Von allen Seiten drang diese Pracht auf uns ein, so daß es öfters ganz dunkel wurde. Der Schlampigkeit der Spanier muß man danken, daß sie alles so ganz der Natur überlassen haben; die Stege über das Wasser bestehen aus Bambusrohr, auf dem man hinüberbalancieren muß.

Je weiter wir vordrangen, desto deutlicher vernahmen wir das Rauschen des Wasserfalles; als das Tal eine Ecke bildete, wurden wir ihn gewahr. Von einer hohen glatten, ganz grün mit Schlingpflanzen bewachsenen Felsenwand stürzte der an und für sich dürftige Bach hinab und bildete unten ein Becken, hell wie Kristall. Die Bäume bildeten ein vollständiges halbes Amphitheater darum; ihre Wurzeln hatten sich an Steinen festgeklammert, die das Wasser nur ungern durchließen. Oben ragte zaghaft der Himmel herein, der doch auch sein gut Teil an diesen Wundern vollbracht hatte. Wir hätten schreien mögen! so schön, so unbegreiflich schön war alles, was wir sahen! – Doch die Komik sollte auch hier nicht fehlen: oben, neben jenem Wasserbecken, erblickten wir fünf Pfaffen, die eben daran waren, sich zum Bade auszukleiden oder zu trocknen. Erst waren wir wütend, dann mußten wir lachen, denn der Anblick dieser neugierig nach uns guckenden, dabei sich doch verstecken wollenden Hochwürden war wirklich urkomisch. Unser Kutscher, der uns zu Fuß gefolgt war, sprang auch gleich ins Wasser und forderte uns ebenfalls dazu auf; doch waren wir zu erhitzt, hauptsächlich durch unsern Enthusiasmus, so daß unsre mühsam erworbene Besonnenheit siegte. Wir wären gern lange an dieser Stelle verweilt, doch Lachen und Schwätzen in diesen Tempelhallen verletzte uns zu sehr; wir kehrten um, immer wieder uns umdrehend, weil wir kaum glauben konnten, daß dies *war*, und daß wir es wieder verlieren sollten. Wirklich, wir hatten nicht die Empfindung, als sei dies alles wirklich; wir mußten es uns immer wieder vergegenwärtigen, daß wir im fernsten Osten im Äquatorlande, auf den vulkanischsten Inseln uns befanden; daß es also wirklich mit rechten Dingen zuging, und daß nur wir armen Apfelpoesieländler eben diese Zauber nicht mit vollen Sinnen fassen konnten.

Langsam gingen wir zurück; oft auf einen Stein uns niederlassend und ganz poetisch werdend, dabei Wasser mit der Hand schöpfend, die Kräuter untersuchend, Schmetterlinge bewundernd, kurz, glücklich uns fühlend. Ach, Mutterleben und *mes dames mes soeurs*! warum könnt ihr das nicht sehen? Wie anders hätten wir's noch mit euch genossen! Es klappt halt nie alles! Seid nur des einen sicher, daß sich mein Herz so weit geöffnet hat, um die Wunder würdig zu erleben, daß es beinahe so groß ward, wie eurer aller Herzen! Wie ungern trennten wir uns von dem eben Erlebten; wir trödelten noch lang hin und her, auf die schönen Vögel horchend, – dann gingen wir zum Wagen zurück, entschlossen, nochmals hierhin zurückzukehren. Als wir aus der Schlucht an die Tageshelle zurückkehrten, blendete uns der See entgegen, die Sonnenvögel strahlten, alles war in das leuchtendste Gold getaucht.

Mittwoch, 11. Mai.

Wir fuhren durch die Hauptstraße von Santa Cruz und hielten vor dem Kommandantenhause, an das ich von Zobel eine Empfehlung hatte; an Carabinieris vorbei gelangten wir in den Salon des Don Carlos Villalba, welcher groß, luftig und mit einigen maurischen Anklängen eingerichtet war. In diesem Kommandanten, der uns jetzt entgegenkam, lernten wir den ersten Spanier kennen, der uns wirklich außerordentlich gefiel; es war ein Andalusier, ein hübscher, junger, mittelgroßer Mann mit dunklem Schnurrbart und lockigem Haar. Er war unglaublich höflich, dabei sehr gründlich und ernsthaft; er wiederholte unserm Antonio ungefähr sechsmal das, was er zu tun habe, warnte uns sehr vor den Betrügereien, denn alle seien hier „*des voleurs*". – Er brachte uns dann Bier, während er selbst einen Zettel schrieb, den er Antonio mitgab; er war an Feliça in Pagsanyan gerichtet, in deren Haus wir diese Nacht bleiben sollten. Da er niemand sonst dort kenne, müsse er uns an sie empfehlen; trotzdem warne er uns vor ihr, sie sei auch „*un voleur*". – Nachdem wir so von allem auf das genaueste unterrichtet waren, verabschiedeten wir uns von Don Carlos, der uns seinen Wagen nach Pagsanyan gab und uns einlud, wenn wir morgen nach Santa Cruz zurückkehrten, bei ihm zu übernachten. Diese liebenswürdige Erfahrung mit dem Kommandanten hatte uns in beste Stimmung versetzt: endlich ein Ehrenmann unter dieser Lumpenbagage! und heiteren Mutes gingen wir Feliças Betrügerbude entgegen. Da im Wagen nur drei Platz hatten, kutschierte Clement; sei es, daß er das Pferd nicht kannte oder daß das letztere an schlechter Laune litt: zuerst ging's immer im Zickzack, und vor allem wußte das Tier sich nicht zu entscheiden, ob es Trab oder Galopp laufen sollte, was die haarsträubendsten Synkopen zur Folge hatte, bis es sich endlich aufraffte und anständiger lief, so daß wir die Gegend bewundern konnten. Die Straße führte fast ununterbrochen durch die üppigsten Kokospalmenwälder; rechts und links lagen häufig Hütten, vor denen Kinder, Hühner und Schweine sich tummelten. Auf der Straße selbst war ziemlich reger Verkehr, viele Ponys, beladen, gingen in langen Zügen an uns vorbei, um in Santa Cruz ihre Waren abschütteln zu können. Dazwischen kam immer wieder einmal ein Chinese, Frauen mit roten Röcken und so weiter. Nach halbstündiger, recht heißer Fahrt waren wir am Tor von Pagsanyan angelangt, durch das wir fuhren. Die breite Hauptstraße des Dorfes schloß sich daran und endete vor einer ziemlich großen Kirche mit Kuppel und Turm. Die Häuser sahen sehr hübsch und sauber aus, und die Perlmutterfenster geben dem Ganzen etwas Leichtes und fast Elegantes. An der Fassade hängen sie gern eine Reihe von Glaslaternen auf, die aber fast nie benützt zu werden scheinen.

Am Kirchplatz bogen wir links in eine Straße ein und befanden uns nach einer Minute vor einem kleinen Stoffladen: der Wagen hielt, wir stiegen aus, es war Feliças Haus. Wir gingen in den Laden, vernahmen aber, daß Feliça eben ausgegangen sei – so benützten wir denn die Zeit, bis sie kam, um den Laden ein bißchen zu durchstöbern. Eine ältere, aber ihr Alter noch verbergende Frau, die sich dadurch auszeichnete, daß sie beständig die schwersten Zigarren rauchte – wie ja überhaupt das Zigarrenrauchen unter den Frauen auf diesen Inseln Sitte ist, wenn auch nicht immer in dem Maße, wie diese es betrieb – , staunte uns an, begann dann ein tiefes Gelächter, wenn wir irgend etwas auf spanisch sagen wollten. Wir guckten die Stoffe an, und was sonst noch da auslag, dann wurden wir hinaufgeführt.

Als Treppe diente eine breite Bamubsleiter, die knarrte und sich bog, während man hinaufging; sie führte zu einem großen Vorzimmer, wo ein Baldachinbett stand; daran schloß sich der eigentliche Salon mit den üblichen acht großen am Fenster sich gegenüberstehenden Stühlen, wo wir uns denn auch gleich niederlassen mußten. An den Wänden hingen geschmacklose spanische Öldrucke, geflickte Bilder, die nicht gerade sehr anständig waren, und sonstiges dummes Zeug; den Hauptschmuck und Stolz des ganzen Hauses bildete eine Harfe, die mitten im Zimmer stand; außerdem war noch ein alter Harmoniumklimperkasten an einer Wand aufgestellt. Neben diesem Salon, der Gasse zugewandt, lag das Schlafzimmer Feliças; die Frau mit der Zigarre zeigte es uns und bedeutete, daß wir heute nacht dort Unterkommen finden würden. Ein hübsches Baldachinbett stand in einer Ecke, daneben ein kleiner Waschtisch; an diesen schloß sich an der andern Wand eine Kommode, auf der mehrere Madonnen und Heilige standen, denen zu Ehren ein Öllämpchen brannte.

Nachdem wir unsre Bewunderung über Feliças Gemach ausgesprochen hatten, setzten wir uns wieder und warteten auf die Donna. Nach einigen Minuten erschien sie: eine kleine Gestalt, gehüllt in eine gelbe karierte Pineabluse und roten, langschleppenden Rock; ihr Kopf, etwas vorwärts hängend, hatte zwei besondere Merkmale: stechende kleine schwarze Augen und einen furchtbaren Mund, dessen Unterlippe wegen ihrer Fleischfülle gar zu ungern die obere berührte, was noch durch beständiges Schwätzen und Lachen erschwert wurde. Das Beste an ihr waren die Haare, was sie – in ihrer namenlosen Koketterie – recht gut wußte; denn sie ließ sie herunterhängen und über die Schulter fallen, sie spielte mit ihren Fingern darin herum und nahm sie dazwischen auch in den Mund, wenn sie über Gott weiß was wieder zu lachen hatte. Sie war noch ziemlich jung und erzwang sich Jugend auf alle Weise auch für kommende Jahre; ich habe selten eine so von sich bewußte Dame gesehen. Die Sicherheit der Schönheit war ihr in höchstem Maße gegeben; sie glaubte es auch sicher, hübsch zu sein, und sie gilt dafür im ganzen Dorfe; ja, sie scheint eine Berühmtheit zu sein. – Nachdem Antonio ihr den Zweck unsres Hierherkommens gesagt hatte, wandte sie sich an uns, reichte uns die Hand und gab dann den Dienstboten Order für unser Mittagessen. Sie selbst verschwand in ihr Zimmer, kleidete sich um und passierte dann in einem Negligee den Salon, um, wie sie uns feierlich melden ließ, ins Bad zu gehen, das sich unten im Haus befand. Was diese feierliche Ankündigung bedeutete, ist nicht so leicht zu erklären und niederzuschreiben; jedenfalls wurde uns klar, daß sie sich für die Schaumgeborene hielt. Sie kehrte wieder zurück in einem violett und weiß gestreiften Schleppkleide, die Haare noch naß in wilder Auflösung um die Schultern fließend. Sie blickte uns an, als wollte sie sagen: „Na, was sagt ihr jetzt dazu?“ und wir riefen ihr „*Buena, boa*“ und so weiter zu, was von ihr mit einem lauten Gelächter beantwortet wurde. – Bald erschien sie wieder und setzte sich neben mich, Clement gegenüber. Nun begann eine Konversation, die nicht leicht ihresgleichen finden wird. Die Frau mit der Zigarre hatte sich auch in der Nähe aufgestellt, und nun begannen diese Weiber, sobald wir ein spanisches Wort äußerten, ein wahres Höllengelächter; Feliça brüllte geradezu, und man mußte weit im Dorfe ihre Stimme hören. Wir machten dazwischen unsre deutschen Bemerkungen und mußten unsrerseits hell auflachen über diese verrückten Weiber und über die ganze Komik unsrer Situation; so dauerte diese Konversation unter beständigem Geplatz fast über drei Viertelstunden. Dazwischen wurde Feliça einmal ernst, ließ Antonio kommen, um uns ihre folgenden Fragen zu übersetzen; sie habe nämlich die Absicht, eine Reise nach Europa – natürlich allein – zu machen. Zuerst wolle sie nach Spanien, dann England und Deutschland; nun wolle sie wissen, wie teuer das Billett hin sei, wieviel der Tag in London koste und so weiter. Nachdem wir ihr Bescheid gegeben, schien sie über nichts erstaunt; daß das Ganze Quatsch war, und daß sie von Europa soviel wußte wie wir zuvor von den Philippinen, hatten wir natürlich gleich heraus. Nach diesem Andantesatze ging das Lachallegro wieder los und dauerte, bis wir der Kühle halber in ein neues Zimmer unten gingen, wo eine Art Weinladen eingerichtet war.

Unterdessen wurde oben das Essen vorbereitet; man roch die Mangos durchs ganze Haus; ihr Geruch ist gerade nicht angenehm. Außerdem vernahm man die letzten Rufe armer Hühner und ahnte Zwiebel und Öl. Endlich meldete die Frau mit der Zigarre das Mahl, und wir gingen hinauf in das große Vorzimmer, wo für uns zwei gedeckt war. Das Essen war recht gut, wenn auch dazwischen das Fleisch etwas fremdartig duftete. Es begann mit einem herrlichen Omelette mit Zwiebeln und endete mit Fisch, wie dies hierzulande Gebrauch ist. Dazu tranken wir spanischen Landwein, Tinto genannt. Den Schluß bildeten die Mangos, mit denen es einem komisch geht: oft liebt man sie sehr; dann wiederum wird die weichliche Süßigkeit einem zuwider. Die Frau mit der Zigarre wartete auf und zeigte uns eine neue bedeutsame Eigenschaft: daß sie nämlich *à tout prix* zuschlagen muß; war's nicht die große melancholische dünne Dogge, die ihr dazu Gelegenheit gab, so hatte einer der Buben irgend etwas Ungeschicktes begangen, was von ihr sofort mit Begeisterung aufgegriffen wurde: sie hieb ihm paar tüchtige um die Ohren, und wenn jener heulend abgegangen war, erging sie sich in einem unausgesetzten Geschimpf, welches jene Schuld erörterte und ihre Ohrfeige als eigentlich noch viel zu schwache Strafe darstellte. So hatten wir denn wieder unter Gelächter unser Essen beendet, wir ruhten einen Augenblick aus, rauchten und beschlossen dann, nach den Katarakten von Pagsanyan uns aufzumachen, zu deren Besichtigung wir diese ganze Tour gemacht hatten. Zuerst mußten wir noch leichte geflochtene Strohpantoffeln kaufen, da wir viel auf spitzen Steinen herumkraxeln sollten; außerdem setzte Feliça jedem von uns einen Strohhut mit enormer Krempe auf, zum Schutz gegen die Sonne. Sie gab Antonio eine Büchse mit Biskuits und ein Glas für uns mit. So machten wir uns denn auf, unter dem Jubel des ganzen Feliçahauses; sie selbst stand oben und zeigte platzend ihren Mund; die Frau mit der Zigarre stand unten und lachte tief.

Es war zweieinhalb Uhr nachmittags: die Sonne brannte vertikal herunter; doch waren wir geschützt und hatten nur wenige Schritte zu machen, um an das Ufer des bisher noch nicht sichtbaren Flusses zu gelangen. Wir waren wieder ganz hingerissen von diesem Anblick: zu beiden Seiten des Flusses, der nicht breiter ist als der Main bei Würzburg, erhoben sich sanfte Anhöhen, unten bedeckt von einem Saum der entzückendsten Bambusstauden, deren Rohre, weit nach vorn sich biegend, oft gebrochen sind und in wildem Durcheinander vom Wasser bespült werden. Dahinter sieht man die Kronen der Kokospalmenwälder, deren ganz verschiedenes Grün durch die daraufscheinende Sonne wie mit einem silbernen Hauch übergossen war. – Wir mußten jeder in eine der Bancas einsteigen, winzige, längliche Boote, aus einem Stück Holz geschnitten, die ebenso wie die Grönländer furchtbar leicht umkippen; in jedem saßen zwei Eingeborene, welche mit kurzen kreisrunden Rudern das Boot rasend schnell vorwärts bewegen. Wir saßen sehr vorsichtig darin und trauten uns kaum zum andern hinüberzugucken; wie zwei Buddhas, unbeweglich, mit gekreuzten Beinen, riefen wir uns nur begeistert zu, wie schön es sei, und schrieen, wenn herrliche Vögel erschienen. Das Gleiten durch das Wasser war entzückend, oft unter den Bambuszweigen hinweg, auf denen die herrlichen Fischreiher in ihrer blauen Pracht sich wiegten.

Die Landschaft änderte sich bald, und aus einer anmutig schwelgenden ward eine erhaben ernste; es kam die erste Stromschnelle; wir mußten aussteigen, über spitze Steine weitergehen bis zu einer Stelle, wo das Wasser wieder in ruhigem Laufe hinabströmte und wohin die Bootsleute die beiden Bancas auf den Schultern trugen. Hier war die große Veränderung der Landschaft: vor uns waren hohe, senkrecht herabfallende Felsenwände, an denen sich, was kaum zu glauben war, dennoch eine himmlische Vegetation anklammerte. Die Bananenbäume streckten ihre Wurzeln nach allen Seiten, um sich irgendwo festhalten zu können; auf kleinen Felsabsätzen hatten sich Palmen und andere festgesetzt, feuchte Schlingpflanzen bedeckten von oben bis unten die Wände, die seltensten Orchideen wuchsen da, kurz, wo nur eine halbwegs mögliche Stelle war, da ging gleich dieser Zauber los. – Der Fluß machte eine energische Wendung, erst nach links auf kurzer Strecke, dann wieder geradeaus, gezwungen von der gegenüberliegenden, nun neu hinzukommenden Felsenwand, seinen Lauf zu ändern. Jetzt waren wir in den Engpaß angelangt, in dem uns wohltätiger Schatten umfing. Man konnte tief hineinschauen, und der Anblick war ganz gewaltig großartig; den Himmel sah man oft kaum, da oben auf den kolossalen Felsen die Bäume weit herüberhingen und die Wände oft selbst einwärts geneigt erschienen. Das Wasser war schon bedeutend schmaler als bei Pagsanyan, aber viel tiefer. Wir kamen nun an die zweite Stromschnelle. Diesmal brauchten wir nicht auszusteigen; unsre Bootsleute ließen sich ins Wasser, das ihnen an diesen Stellen höchstens bis zum Leib ging, und sie zogen uns durch die seichten, aber stark strömenden und brausenden Stellen: hier mußte man natürlich gewärtig sein, einmal reinzufliegen, und offen gestanden hätten wir es gern erlebt. Doch kamen wir noch trocken davon. An den Mauern sahen wir mehrere von den Sguanas heraufklettern, und was uns besonders interessierte, waren zwei große Schlangenlöcher in den Felsen. Oh, was hätten wir darum gegeben, eine dort herauskommen zu sehen! Ich ließ durch Antonio den Bootsmann fragen, ob man nicht durch Steinwerfen oder mit einer Stange eine reizen könnte, daß sie herauskäme; doch der Mann erwiderte, er würde es nicht um fünfzig Dollar tun, denn es seien kolossale Tiere, wahrscheinlich, wie ich später erfuhr, *Boa constrictors*, deren es noch mehrere auf dieser Insel gibt. Der Anblick dieser Löcher hatte etwas unheimlich Anziehendes, und ich mußte immer wieder hingucken. Es folgten nun häufige Katarakte, bei denen wir entweder aussteigen mußten oder von den Leuten hinaufgezogen wurden. Als wir am sechsten angelangt waren, behaupteten die Leute, sie könnten nicht weiter: es seien Bambusstauden und Gott weiß was noch alles in den Fluß gefallen; da dies natürlich eine Lüge war und wir vom Kommandanten von Santa Cruz über alles unterrichtet waren, bestand ich darauf, daß wir noch weiterführen, indem ich mich auf Don Carlos berief, was meinem Wort doch Gewicht gab; sie holten die Boote her, und wir stiegen ein, um noch weiter in dieser erhaben göttlichen Natur zu weilen.

Wir fuhren noch zwei Stromschnellen weiter – es mochten die siebente und achte gewesen sein – als wir von oben herabstürzend einen kleinen kristallhellen Wasserfall erblickten. Wir waren ganz entzückt, hielten an, und ich zog mich vor allen den guten Eingeborenen, die mich da auf das ungenierteste beobachteten, aus und sprang in das herrliche tiefe Wasser; nach einiger Zeit folgte auch Clement, und wir stimmten die Rheintöchtergesänge an. Wir hatten unsre Pantoffeln beim Schwimmen anbehalten, weil wir immer dazwischen auf einen Stein ins Wasser stießen; jeder von uns verlor einen; Clements wurde wiedergefunden, meiner war verschwunden. Ich schwamm bis zum Wasserfall hin und ließ mir von ihm eine kalte Dusche geben. – Dann setzten wir uns dazwischen auf einen erklommenen Stein und fühlten uns als Thomaschen Proteus. Vom Himmel kamen jetzt tüchtige Regentropfen herunter, und es donnerte und blitzte häufig, was sich hier großartig ausnahm; in Santa Cruz, wie wir später hörten, hatte dieses selbe Gewitter furchtbar gewütet. Wir merkten nicht sehr viel und es hinderte uns nicht am Weiterbaden; während Clement sich trocknete, setzte ich mich mitten in eine Stromschnelle; das Wasser riß mich tüchtig, doch ich siegte, indem ich einen natürlichen Sitz fand, wo ich mich dagegenstemmen konnte und das herrliche Wasser über die Schultern sausen ließ. Beim Trocknen machte ich es wie damals in Singapur: ich benützte meine Unterjacke dazu, die mir diesmal noch einen viel wichtigeren Dienst leisten mußte: ich benützte sie nämlich als Schuh, da ich den einen verloren hatte. Zum Staunen und Verwundern der Eingeborenen wickelte ich Herrn Schiebels Produkt ein paarmal fest um den Fuß und konnte auf diese Weise herrlich über die spitzesten Steine hüpfen.

Nachdem wir von Feliças Zwieback gegessen und der Regen nachgelassen hatte, machten wir uns zur Rückfahrt auf; da wären wir denn auch wirklich oft beinahe aus unsern Bancas geflogen, und Clement passierte dies einmal, wobei seine eine ganze Seite naß wurde; wir sausten die Stromschnellen hinab, über Stock und Stein, wie die Caramatas, und wenn wir atemlos am Ende angelangt waren, erkundigte sich einer nach dem andern, ob er hineingefallen. – In der Nähe der Schlangenlöcher machten wir halt, da einer der Bankéros einen Felsen hinaufklettern wollte, um seltene Parasiten herunterzuholen. Er tat dies mit großer Geschicklichkeit, denn der Felsen ging senkrecht hinauf, und er mußte sich an den Ästen der herausspringenden Bäume halten. Wir warteten unterdessen an einer schmalen Stelle, wo wir ausgestiegen waren, um von der kleinen Quelle, die dort entsprang, zu trinken. Sodann fuhren wir weiter. Wir hatten die hohe Gasse verlassen, und vor uns lagen wieder die entzückenden Wälder, die jetzt, bei der Abendbeleuchtung, besonders der Saum der Bambusstauden, mich in der Färbung an Corots Bilder erinnerten.

In der Nähe von Pagsanyan hielten wir nochmals an; unsre Bootsleute wollten uns ihr Bad zeigen: ein kleines Häuschen über einer warmen Quelle; sie hüpften alle hinein mit ihren Anzügen, als hätten sie nicht schon genug herumgepantscht den ganzen Tag. Von da fuhren wir zum Dorf und stiegen aus. Feliça und die andre empfingen uns wieder mit Gelächter und Geschrei: wir gingen hinauf und wechselten unsre Anzüge, da wir ziemlich naß und schmutzig geworden waren. Dann tranken wir eine Flasche Bier und warteten im Salon bis zum Abendbrot, mit dessen Vorbereitung das ganze Haus beschäftigt schien; besonders Feliça, denn sie war ganz verschwunden, was unsern Nerven sehr angenehm war. Das Diner kam, wieder im Nebenzimmer, das mit einer Lampe schwach erleuchtet war. Die brave dürre Dogge erhielt paar gute Brocken von uns, wofür sie dann von der Frau mit der Zigarre ein paar Schläge erhielt; dasselbe Los hatte abermals einer von den Buben, weil er das Brot zu spät brachte. Sie schlug und schimpfte, und als wir lachten, begann sie auch zu lachen, doch nur auf einen Augenblick; dann ging das Schimpfen und Rauchen wieder los. Das Diner dauerte ziemlich lang, und Feliça hatte zu viel hergerichtet. Feliça war während des Diners nicht anwesend, doch hörten wir durch die andre Frau, daß sie abends zum Tanze gehen werde und daß wir doch mit sollten. – Wir waren aber müde und sollten den nächsten Morgen um sechs Uhr auf sein, außerdem war es uns nicht ganz klar, was sie mit diesem Tanze meinte; denn als wir nicht gingen, ging auch sie nicht. Wir zogen es vor, noch etwas im Orte herumzubummeln, der ziemlich dunkel, nur an einigen Stellen belebt und hell war, wo Chinesen ihre Läden hatten.

Wir wanderten über eine schmale unglaubliche Bambusbrücke nach dem andern Ufer eines Seitenflusses von dem, welchen wir heute hinaufgefahren sind. Dann zurückkehrend, gingen wir die Hauptstraße entlang, wo jämmerlich auf einem Klavier zerhackt uns die Wilhelm Tell-Ouvertüre entgegentönte. Von da kehrten wir ins Haus zurück; wir fanden Feliça in ihrem Laden, in eleganter Toilette, mit einem jungen Chinesen sich unterhaltend, der augenscheinlich von ihr entzückt schien. Sie ist selber Mestize, halb Chinesin, halb Spanierin. Da sie wieder so grell zu lachen begann und wir etwas ermüdet waren, gingen wir hinauf in Feliças Schlafzimmer, das für uns eben von der Frau mit der Zigarre für die Nacht hergerichtet wurde, indem sie ein zweites Lager auf dem Boden aufschlug. Währenddessen schauten wir rauchend zum großen Fenster hinunter und sahen, wie Feliça geschäftig bald hierhin bald dorthin lief, immer dazwischen heraufguckend und laut lachend, was sich zu einem wahren Geschrei steigerte, wenn wir etwas Spanisches oder Italienisches hinunterriefen, so daß aus allen Läden die Chinesen herguckten, Bemerkungen machten und auch lachten. Solch ein Gelächter wie in Pagsanyan hab' ich noch nie erlebt! Allmählich ermattete es, und wir wollten uns niederlegen; ich nahm zuerst Platz am Boden, worauf Clement schwur, er würde dann auf einem Stuhl schlafen; hartnäckig blieb jeder bei seinem Vorsatz, bis ich nachgab und mich ins Bett legte; wir waren wie Orest und Pylades im dritten Akt von Glucks Iphigenie. Da – auf einmal – erklang im Nebenzimmer die Harfe! Es war Feliça; dies war ihre letzte Kunst, uns zu bezaubern; erst stimmte sie, dann legte sie los, mit großem Geschick, einen Walzer, Polka und Marsch nach dem andern. Wir applaudierten von unsern Betten aus! Doch schien sie enttäuscht darüber. Sie hatte versungen, vertan; wir zwei waren unbeweglich als echte „standhafte Prinzen". Die Harfe ward still – Feliça verschwand; wir schliefen ein!

Donnerstag, 12. Mai.

Um sechs Uhr wurden wir von Antonio aufgeweckt; wir machten uns fertig und warteten im Salon auf Feliça, um die Rechnung zu zahlen. Sie erschien, aber vollständig verändert; ihr Mund war geschlossen, kein Lachen drang mehr daraus: der furchtbare Ernst des Geldzahlens war gekommen. Da sie zuerst keinen bestimmten Preis nannte, gaben wir ihr nach der Sitte der Hotels zusammen vier Dollar. – Sie saß auf einem der Stühle und begann nun mit kalter Miene zu wafen, woraus wir nur entnehmen konnten, daß sie dies nicht nehme; sie wolle zehn Dollar, eigentlich, fügte sie hinzu, zwölf. Die Frechheit war so groß, daß wir ihr ins Gesicht lachen mußten. Um jedoch längeren Schwierigkeiten aus dem Wege zu gehen, boten wir ihr sechs. Doch auch dies wollte sie nicht annehmen; da erklärten wir, wir würden Don Carlos die Sache vorlegen, eher keinen Pfennig zahlen; sie erklärte sich damit einverstanden, setzte sich ans Fenster ihres Schlafzimmers und schrieb einen Brief an den Kommandanten, den sie Antonio mitgab. Ohne daß sie uns adieu sagte, gingen wir zwei die Bambusleiter hinunter und stiegen in die bereitstehende Caramata. – So hatten das Gelächter, das Harfenspiel, die aufgelösten Haare, die koketten Blicke sich alle in gemeinste Geldgier verwandelt! Na, wir ahnten es ja voraus! und Don Carlos hatte uns überdies gewarnt. Die Frau mit der Zigarre erschien gar nicht; überhaupt blieb das Haus ruhig; nur die stechenden Augen Feliças sprühten.

Nach meiner Heimkehr nach Bayreuth fand ich regste Tätigkeit auf dem Festspielhügel vor. Die Proben zum Tannhäuser waren im vollen Gang, und ich durfte zum erstenmal kleine Bühnendirigentendienste leisten. Der Entwicklung der Festspiele von dem Jahre ab, da meine Mutter die Leitung allein übernahm, möchte ich jetzt einige Worte widmen. Waren es doch die entscheidenden Jahre, in denen es um Sein oder Nichtsein des ganzen Festspielunternehmens ging. Beunruhigende Berichte über den Verlauf der Festspiele 1883, denen meine Mutter wegen der Trauer ferngeblieben war, ferner die dringenden Bitten aller Wahnfried nahestehenden Freunde, voran Adolfs v. Groß und unsres treuen Gralsritters Hans v. Wolzogen, hatten meine Mutter zu dem Entschluß gebracht, sich der „führerlosen Schar" anzunehmen. Mit weiser Zurückhaltung beginnend, wußte sie bald alle Künstler zu gewinnen. Den neu hinzukommenden Sängern studierte sie selbst die Rollen ein. Sogar die Widerhaarigsten und die auf ihre Leistungen Stolzesten konnten sich des Eindruckes nicht erwehren, daß sie hier eine Darstellerin vor sich hatten, von deren Können niemand vorher eine Ahnung besaß, und von der sie vieles lernen konnten. Manche unsrer berühmt gewordenen Sänger und Sängerinnen, wie zum Beispiel van Dyck, Mildenburg, Nordica, Fritz Friedrichs, Alfred v. Bary, Soomer, Frau Reuß und andere, haben dies öffentlich laut verkündet. Rosa Sucher sagte: „Die Meisterin hat den Dämon in mir geweckt", und Mottl schrieb: „Frau Wagner hat mich vom Musiker zum Künstler erhoben." Andre wiederum hatten es lieber, wenn das Publikum glaubte, es sei alles ihre eigene Inspiration. Schön und erhebend war es jedenfalls für meine Mutter, zu erleben, daß die Künstler alle von Jahr zu Jahr mit innigerem Vertrauen zu ihr als der berufenen Frau, das künstlerische Erbe des Bayreuther Meisters zu übernehmen, emporblickten. Dieses Vertrauen und die wirklich aufrichtige Verehrung waren für sie ein reicher Ersatz für all das Gemeine und Gehässige, das ihr von andrer Seite entgegengebracht wurde.

Leider waren es nicht nur die eingeschworenen Feinde, die ihr Stein um Stein auf den schweren Weg warfen, nein, es waren auch sogenannte Freunde. Es machte sich damals ein gewisser Typ von Hyperwagnerianern breit, der fast unangenehmer war als die Feinde: Leute, die von Morgen bis Abend Zitate aus den Werken meines Vaters anführten. So kannten wir eine Dame, die beim Naseputzen ihres Mannes ausrief: „War das sein Horn?" Diesen Anhängern galt meine Mutter als nicht genügend echt teutonisch. Sie wußten, daß sie mütterlicherseits französisches Blut in sich hatte und in Paris erzogen worden war! Alles recht verdächtige Momente, um an ihrer deutschen Gesinnung zu zweifeln – – – !!!! Als meine Mutter bei einer recht unliebsamen Auseinandersetzung mit jener eben erwähnten Dame bei dem Ertönen eines Donnerschlages scherzend ausrief: „Sehen Sie, Zeus grollt," erwiderte jene, vorwurfsvoll korrigierend: „Sie halten es mit Zeus, ich – ich halte es mit

Wotan." Wie echt war jene, und wie unecht meine arme Mutter! Das Mißtrauen nahm solchen Umfang an, daß in diesen Kreisen sogar laut der Verdacht ausgesprochen wurde, der Festspielfonds würde in Wahnfried mit Champagner verschleudert, und von Adolf Groß behaupteten sie, er beabsichtige, aus dem Festspielhaus eine Spinnerei zu machen. Am tollsten setzten von allen Seiten die Hetzereien ein, als meine Mutter die Aufführung des Tannhäuser ankündigte. Wußte sie doch, daß meinem Vater dies Werk besonders ans Herz gewachsen war, eine Vorliebe, die meine Mutter und ich ebenfalls hegten. Der glänzende Erfolg des Tristan 1886 unter Mottl und der Meistersinger 1888 unter Richters Leitung hatte vorübergehend einen Stillstand der Feindseligkeiten bewirkt. Tannhäuser 1891 entfesselte sie von neuem. Zuerst entrüstete man sich darüber, daß man überhaupt in Bayreuth an eine Aufnahme dieses Werkes denke; es sei ein Jugendwerk, noch halb alte Oper, und – *horribile dictu* – eine für Paris – dieses Wort macht schon erschauern – erweiterte Szene darin! Wie haben sich da Feinde und Scheinfreunde die Hände gereicht, um meine Mutter ja recht beim Publikum zu diskreditieren. Und als die Aufführung zustande kam, da ging erst der Hexensabbat los! Aber, wie es so oft geht: wenn die Bosheit zu sehr triumphiert, dann bewirkt sie das Gegenteil von dem Bezweckten. Das Tannhäuserjahr war der Entscheidungskampf. Meine Mutter siegte. Die Schar der wirklich zu Bayreuth gehörenden, die von Jahr zu Jahr zugenommen hatte, hielt fest und treu zu ihr, und als sie im Jahr 1894 Lohengrin unsrer Bayreuther Gemeinde vorführte, da verstummte die Opposition. Die vollendet schöne Aufführung ließ das Werk in einer so ungeahnt neuen Art erstehen, daß das Publikum einmütig erklärte, das Werk überhaupt nicht wiederzuerkennen.

Genörgelt wurde allerdings auch damals noch weiter, besonders wurde das Heranziehen ausländischer Künstler (van Dyck, Lillian Nordica, Blauwaert, Mad. Grandjean und so weiter) getadelt, wie man sich überhaupt darüber aufhielt, daß die Fremden sich im Publikum so breit machten und in Wahnfried gefeiert würden. Nun – ich möchte, da ich das eben erwähne, gern den ausländischen Freunden hier meinen Dank aussprechen, daß sie zu einer Zeit, wo das deutsche Publikum noch mehr durch Abwesenheit als durch Anwesenheit glänzte, nach Bayreuth pilgerten. Das waren und sind keine Kunstsnobs, denn Bayreuth war damals nicht „Mode"; das waren Menschen, die aus tiefster Überzeugung von der Kulturbedeutung der Bayreuther Sache und aus Begeisterung für die Werke meines Vaters die wahrlich nicht bequeme Reise in unser entlegenes kleines Frankenstädtchen machten.

Menschen, die ihre Eindrücke in enthusiastischen Berichten verkündeten und so zur Teilnahme an den Festspielen aufmunterten. In Paris entstand die Revue Wagnerienne, von Dujardin herausgegeben, für die Chamberlain seine berühmt gewordenen Aufsätze verfaßte, der Londoner Wagnerverein sorgte eifrig für die Verbreitung der Gesammelten Schriften meines Vaters, dasselbe geschah in Bologna, Barcelona, New York. Es kam der siegreiche Einzug des Lohengrin in Paris, das Verdienst des treuen Lamoureux; später folgten die andern Werke nach. Die flammende Begeisterung der Seinestadt übte dann auch ihre Wirkung auf Deutschland, das sich nun endlich besann. In den letzten Jahren vor dem Kriege waren neunzig Prozent der Festspielbesucher Deutsche. Für Deutschland eine erfreuliche Tatsache, es hätte aber zwanzig Jahre früher schon so sein sollen! Aber nicht nur im Auslande, auch in den Reihen der deutschen Anhänger erhoben geistig hochstehende Kämpen ihre Stimme für meine Mutter: Außer Wolzogen und Glasenapp waren es Thode, Doktor Fiedler, Max Koch, Wolfgang Golther, Sternfeld, George Davidsohn und andere, die gegen die wüste Hetze auftraten. Es soll des öfteren nach den Aufführungen in den Wirtshäusern zu recht handgreiflichen Auseinandersetzungen gekommen sein, besonders mit einem jetzt verstorbenen Berliner Kritiker, von dem Hans v. Bülow einmal sagte: „Herr X ist schon am Rande der Unbestechlichkeit angelangt: man kann ihn für fünf Mark haben."

Im selben Lohengrinjahre gründete meine Mutter die Stilbildungsschule in Bayreuth. Unser rastloser, arbeitsfreudiger Julius Kniese, bei dem ich meine Studien fortgesetzt hatte, übernahm die musikalische Leitung. Die Darstellung leitete sie selbst. Am Ende des ersten Schuljahres wurde mit den Schülern eine teilweise Aufführung des Freischütz im alten markgräflichen Opernhause unternommen. Diese war auch zugleich mein Dirigentendebut. Eines erheiternden Momentes aus jenen Tagen mußten wir später noch oft gedenken, nämlich einer nicht gehaltenen Rede. Bei einem Abendessen nach der Aufführung bat meine Mutter Humperdinck, einige Worte zu sprechen. Sofort stand er auf, blickte freundlich lächelnd um sich, rieb sich die Hände, räusperte sich und setzte sich wieder hin, ohne ein Wort gesagt zu haben. Reinhard Kékulé, der bekannte Archäologe, rief aus: „Das ist die beste Rede, die ich je gehört habe."

Als im Jahre 1896 der Ring des Nibelungen zum erstenmal seit zwanzig Jahren wieder aufgeführt wurde, konnten zwei junge Schüler aus der Bayreuther Schule mitwirken: Burgstaller und Breuer als Siegfried und Mime.

Bei den vorbereitenden Studien wurde das Augenmerk in erster Linie auf sinngemäße Darstellung und deutliche Aussprache gelenkt. Über letztere wurde viel gespottet; die Bayreuther „Konsonantenspuckerei" wurde ein beliebtes Hohnwort. Auch dieser Tadel vermochte meine Mutter nicht von ihrer Überzeugung abzubringen, daß bei dramatischen Szenen die Deutlichkeit das wichtigste sei. Bei rein lyrischen Stellen dagegen ließ sie stets die Konsonanten weich nehmen und hinter den Vokalen zurücktreten. Bei dem Darstellungsunterricht war für die jungen Künstler, aber auch für diejenigen, die sich schon an das Gegenteil gewöhnt hatten, das schwierigste, die Gebärde vor dem Worte zu machen. Diese ist das Spontane, der unmittelbare Ausdruck des Willens, das Wort muß erst den Weg des Verstandes gehen. Nur der unartikulierte Laut ist spontan wie die Gebärde. Gewöhnlich erlebt man es, daß diese von meinem Vater deutlich in der den Worten vorangehenden Orchesterbegleitung gegebenen Anweisungen (je nach dem Auszudrückenden ein scharfer Akzent oder eine zarte Äußerung) von den Sängern unbeachtet gelassen werden und daß sie die Gebärde erst nach dem Worte bringen. Oft sieht man während dieser Vorspiele einen sehnsüchtigen Blick herab zum Dirigenten, ob der auch wirklich den Einsatz deutlich hinaufgeben werde. Daß mein Vater aber die Gebärde vorher haben wollte, kann ich an hundert Stellen nachweisen; besonders scharf ist diese Absicht in der Klingsorszene kundgegeben.

Den Darstellungsproben wohnte ich stets bei und mimte alles mit, was gerade als Partner nötig war; so hatte ich die beste Gelegenheit, meine Regiestudien zu machen. Im selben Jahre 1896 dirigierte ich auch zum erstenmal im Festspielhaus, und zwar neben Richter und Mottl einen Zyklus des Ringes. Wohl keine geringe Aufgabe! Als ich da in den mystischen Abgrund an das Pult trat, unter mir das Riesenorchester, vor mir das Dunkel der Rheingoldtiefe, da wurde mir schon etwas schwindelig zumute. Gottlob kannte ich die Partie so gut wie auswendig, so daß mein momentan getrübtes Auge nicht von den Noten abhängig war. Bald wich jede Erregung, ich fühlte etwas von einer segnenden Hand über mir, die mich in diesen entscheidenden Stunden beschützte.

Einen treuen Förderer fand ich an unserm Orchestermeister Hans Richter. Von frühester Jugend her als liebster Spielfreund uns bekannt, bewahrte er den Wahnfriedkindern bis zu seinem Ende eine nie getrübte, traute Freundschaft. Wenn es hieß: Richter kommt, strahlten zehn Augen vor Freude. In der Dirigententechnik verdanke ich ihm viele gute Ratschläge. Als er mich zum erstenmal in London dirigieren sah, sagte er: „Das freut mich, daß du die Partitur im Kopf hast und nicht den Kopf in der Partitur." Einige ihn charakterisierende Aussprüche lasse ich gern hier folgen. Als er einmal eine hypermoderne Komposition probierte, sagte er: „Jetzt müssen wir aufpassen, daß wir die richtigen falschen Noten spielen." Das Orchester ging ihm über alles, Sänger mochte er nur leiden, wenn sie musikalisch waren. Als einer der Unmusikalischsten auf der Bühne patzte, sagte er an seinem Pult: „Wann der Vorhang aufgeht, ist meine Freude vorbei." Seine Konzerttätigkeit in London lag ihm mehr am Herzen als das Operndirigieren in Wien. Um nun möglichst viel Urlaub nach England zu erlangen, übernahm er in Wien alles, was es zu dirigieren gab, damit sein Kollege Fuchs dann das gleiche tue. Da kam es natürlich vor, daß er Opern dirigierte, die er so gut wie gar nicht kannte. In einer Traviataaufführung kam es einmal zu einem großen Chorschmiß (dieses ist der übliche Theaterausdruck für solche Katastrophen). Der Intendant ging wütend auf Richter zu: „Aber Herr Kapellmeister, so was darf doch nicht in der Hofoper passieren!" – Richter antwortete mit Seelenruhe: „Hab' ich's nicht immer gesagt, daß der Chor gestrichen werden muß!" Den Cellisten pflegte er beim Beginn des Tristan zuzurufen: „Meine Herren, vergessen Sie, daß Sie verheiratet sind!" In Bayreuth ärgerte er sich einmal sehr über eine unmusikalische Sängerin. Als ich ihm zu ihrer Entschuldigung sagte, sie sei doch eine famose Darstellerin, erwiderte er: „Ach was, ich pfeif' auf die Darstellung!" Über meine Bärenhäuterpartitur äußerte er: „Weißt Du, wenn ich eine neue Partitur ansehe, guck' ich zuerst nach der Fagottstimme. Wenn die immer mit dem Cello zusammengeht, dann ist's schon nichts. – Deine ist gut." Die Brahmssche Instrumentation war ihm unerträglich: „Bei ihm scheint aber auch nie die Sonne." Meine Mutter forderte ihn wiederholt auf, den Parsifal zu dirigieren; er biß aber nicht an, sondern erwiderte: „Zwei Dinge hebe ich mir bis zum Schluß auf: die Nationalgalerie in London und den Parsifal." Über die theoretischen Schriften meines Vaters sagte er: „Das ist ja großartig, was dadrinnen steht, aber eine Partitur mehr wäre mir lieber!" Von allen Werken meines Vaters waren ihm die Meistersinger am meisten ans Herz gewachsen, und darum dirigierte er diese am liebsten. Das ist wohl begreiflich, denn er war dazu wie prädestiniert. In Geldangelegenheiten war er von einer rührenden Bescheidenheit und Vornehmheit. Nicht um die Welt hätte er sich je die Aufenthaltskosten in Bayreuth ersetzen lassen. „Das wäre noch schöner," rief er aus, „dem Meister verdanke ich alles, und dafür soll ich mich bezahlen lassen." Als er sich durch seine Tätigkeit in England so viel verdient hatte, daß er sich und seine Familie ernähren konnte (von seinem kläglichen Wiener Gehalt hätte er das nicht vermocht), zog er sich nach Bayreuth zurück, um hier, abhold allem Äußerlichen, sein Leben zu beenden. Eine letzte große Freude strahlte über sein Gesicht, als er kurz vor seinem Tode erfuhr, daß in Bälde das Erscheinen eines Enkelkindes des Meisters zu erwarten sei. Die Geburt meines ältesten Sohnes Wieland-Gottfried hat er leider nicht mehr erlebt. Mit Hans Richter ist ein Typus von deutschen Musikern geschwunden, der fast erloschen zu sein scheint: der aus dem Orchester heraus entstandene Orchestermeister. Er war kein Dirigent in der Art Bülows. Er blieb immer Musiker. Prachtvoll war seine wuchtige, plastische Art zu dirigieren; dazu die leuchtenden blauen Augen und der goldblonde Vollbart, der ihm so gut stand.

Nun möchte ich in Kürze noch von den folgenden Festspieljahren berichten. Das Jahr 1897 brachte wieder den Ring, dazu Parsifal, 1899 dazu nach längerer Pause wieder die Meistersinger. 1901 und 1902 konnte man sich kühn an das Jugendwerk, den Fliegenden Holländer, wagen, und zwar in einer Form, in der das Werk noch nie gebracht worden war: ohne Unterbrechung. Die Absicht meines Vaters, es so aufführen zu lassen, gibt sich deutlich kund in den Abschlüssen und Einleitungen der drei Akte. Wegen der technischen Schwierigkeit gab er es aber selbst auf; die Bühnenmittel waren zur Zeit der Komposition des Werkes so bescheiden, daß er auf Erfüllung seines Gedankens verzichten zu müssen glaubte. Jetzt murrte niemand mehr, wie früher beim Tannhäuser. Meine Mutter vertraute mir immer mehr an. Warf ich mich 1896 hauptsächlich auf die Beleuchtungs- und Dekorationsproben, so konnte ich von 1901 ab zeigen, ob ich Talent zur Regieführung hatte. 1904 überließ sie mir ganz die szenische Ausgestaltung des Tannhäuser. Sie selbst arbeitete hauptsächlich mit den Solisten. Die Überanstrengung, die sie sich häufig zumutete, dazu viele seelische Erregungen brachten nach ihrer letzten wundervollen Tristanaufführung im Jahre 1906 einen schweren Zusammenbruch ihrer Gesundheit. Auf Geheiß ihrer Ärzte Ernst Schweninger, des berühmten Bismarckpflegers, und unsres altbewährten Heinrich Landgraf, die, wenn auch stark entgegengesetzten Richtungen angehörend, doch verständnisvoll zusammenhalfen, um die Patientin uns möglichst lang zu erhalten, entsagte sie aller Tätigkeit auf dem Festspielhügel. Vertrauensvoll legte diese unvergleichlich große Frau ihr Amt in meine Hände. Auch in diesem Augenblicke, wie damals am Dirigentenpult im Festspielhause, fühlte ich deutlich das Wirken einer höheren Macht, und ich empfand, welch ein Segen des Himmels es ist, mit einer Bestimmung auf die Welt gekommen zu sein. „Siegfried" ward ich von meinen Eltern genannt. Nun, Ambosse habe ich nicht zerhauen, Drachen habe ich nicht getötet, Flammenmeere habe ich nicht durchschritten. Und trotzdem hoffe ich, nicht ganz unwürdig dieses Namens zu sein, denn das Fürchten ist wenigstens nicht mein Fall.

So machte ich mich unverzagt und frohgemut an meine Aufgabe. Den meisten Künstlern war ich ja kein Fremder mehr. Mit besonderen Dankesgefühlen gedenke ich derer, die im Jahre 1908, als ich außer Parsifal, dem Ring noch Lohengrin brachte, mir mit herzlichem Vertrauen entgegenkamen, nicht nur der Dirigenten und Solisten, sondern auch des Orchesters, unsres Chores und des technischen Personals. Unser Bayreuther Stammpublikum zeigte auch deutlich, daß es mit dem Entschluß meiner Mutter, mich als Nachfolger einzusetzen, einverstanden war. Wohl fehlte sehr allen Getreuen der Anblick ihrer hohen Gestalt, wie sie in der Pause mit ihren Freunden heiter plauderte, für jeden ein gütiges, herzliches Wort findend. Ihr Gesundheitszustand ließ aber keine Erregungen mehr zu. So entsagte sie lieber ganz der Tätigkeit, als daß sie nur als Zuhörende sich beteiligt hätte. Dazu war sie ein zu aktives Naturell. Unwillkürlich wäre sie doch wieder eingesprungen; dann hätte sie den Schmerz durchmachen müssen, daß der Körper es nicht mehr zugelassen hätte. Nie hat sie etwas halb getan! Es gab nur ein Entweder-Oder.

Im Jahre 1909 wurden die Festspiele mit den gleichen Werken wiederholt. 1911 und 1912 brachten wir statt Lohengrin die Meistersinger – Hans Richters letztes Wirken! 1914 wurde außer Ring und Parsifal der Holländer wieder aufgenommen. Ein jähes Ende bereitete der ausbrechende Weltkrieg. Von den zwanzig geplanten Aufführungen konnten mit Mühe acht stattfinden. Schon während der Ringvorstellungen drangen beunruhigende Gerüchte bis zu dem Festspielhügel, wo man es sonst, wie auf der Insel der Seligen, vermied, von Politik zu sprechen. Nach der Siegfriedvorstellung reisten alle ungarischen Gäste ab, bald folgten die österreichischen. Die Reihen im Zuschauerraume begannen sich zu lichten, oder man sah an Stelle der Auswärtigen Bayreuther Einwohner sitzen, bei denen jene logiert hatten. Noch immer nicht an den Krieg glaubend, versuchten wir weiterzuspielen, bis wirklich die Kriegserklärung das Ende brachte. Der Abschied von allen Freunden war tiefergreifend. Das war 1914, und jetzt schreiben wir 1922, und noch immer nicht konnte das Festspielhaus seine Pforten wieder öffnen.

Eifrige Freunde bemühen sich, Mittel zur Verfügung zu stellen, damit wir, wie es unser fester Entschluß ist, 1924 wieder spielen können. Dann soll der Gral wieder leuchten! Sein Segen wird unserm armen Vaterlande wohltun. Viele treue Freunde unserer Sache werden wir auf dem Festspielhügel nicht wiedersehen, liebe Gesichter, ohne die man sich die Festspiele nicht denken kann: Graf und Gräfin Wolkenstein, Glasenapp, Hans Richter, Klindworth, Mottl, Mrs. Schirmer, die Gattin des amerikanischen Verlegers, Mary Balling, Cheramy, Lascaux, Dowdeswell, Höfler, Marie Groß, Küchler, Kékulé, Humperdinck, Mathilde v. Wolzogen und viele andre, die der Tod uns entrissen hat. Doch leben gottlob noch viele von der alten „Garde", wie sie sich selber bezeichnen, und neue werden hinzukommen. Daß die Physiognomie des Bayreuther Publikums sich nicht verändere, soll unsre besondere Sorge sein. Drum müssen wir durch Spenden edler Kunstgönner so gestellt sein, daß wir nicht zu Eintrittspreisen gezwungen werden, die jene gebildeten Elemente fernhalten würden.

Welchem Besucher wäre nicht die ganz besondere Eigenart unsres Publikums aufgefallen? Eine schönere Aufhebung aller Standesunterschiede kann man sich nicht vorstellen, wie sie sich hier unter dem Banne des Herz und Geist beglückenden Genius vollzog. Die Fürstlichkeiten, die fast jedes Jahr treuanhänglich herkamen, fühlten sich froh, der lästigen, einengenden Etikette frei, Menschen sein zu können, die zu Menschen sprechen durften. Die Elite des Adels aller Länder (am stattlichsten war Ungarn vertreten) fand sich ein. Von der Wissenschaft waren in erster Linie Mediziner stark vertreten, wie ich überhaupt bei all meinen Reisen als ausübender Künstler die Erfahrung gemacht habe, daß es fast immer die Ärzte waren, die am meisten das Bedürfnis nach künstlerischer Erhebung zeigten, besonders nach Musik. Es gibt wohl keinen unsrer berühmten Ärzte, der nicht in Bayreuth gewesen wäre. Dieser Drang zur Musik ist eine Naturnotwendigkeit. In keinem Beruf hat der Mann täglich so Schweres, Trauriges, Abstoßendes zu sehen, wie in dem ärztlichen. Leiden und immer wieder Leiden. Müßte die Psyche eines solchen Mannes nicht ganz in Pessimismus untergehen, wenn sie nicht Gegenmittel fände; dieses ist die befreiendste aller Künste: die Musik! In ähnlicher, wenn auch nicht in so starker Weise ist dieses Bedürfnis bei den Juristen entwickelt, die in unmittelbare Berührung mit den bösen menschlichen Instinkten kommen; auch sie suchen in der Kunst eine Befreiung von den anwidernden Eindrücken, die ihr Beruf ihnen zuführt. So dürfen wir ihrer viele als treue Bayreuther begrüßen! Bei den früheren

Festspielen waren Universitätsprofessoren noch weiße Raben. Einer von diesen wog allerdings zehn auf: der einzige der Berliner Universität, der die Größe meines Vaters erkannt hatte und alljährlich mit den Seinen nach Bayreuth pilgerte, war Helmholtz.* Großindustrie, Kaufmannschaft, Künstler aller Arten gesellten sich zu den Genannten. Daß unbemittelte Würdige freien Zutritt und freie Reise erhalten, dafür sorgt die früher von Friedrich v. Schoen mit so hingebendem Eifer verwaltete Stipendienstiftung. Dasselbe ideale Ziel verfolgt der Richard Wagner-Verband deutscher Frauen; mit der diesem Geschlechte eigenen Energie und Rastlosigkeit sind hier schöne Resultate erzielt worden. Die Richard Wagner-Vereine, deren Haupttätigkeit früher der Verbreitung der Gesammelten Schriften meines Vaters galt, haben sich jetzt auch mehr und mehr denselben Bestrebungen zugewendet, wie der Frauenverband sie verfolgt. So dürfen wir, trotz der sehr erschwerten Verhältnisse, hoffen, daß in Zukunft auch die Unbemittelten zu ihrem Rechte kommen. Zu diesem Zwecke habe ich in den letzten Jahren vor dem Kriege die Generalproben offen gehalten.

Der knappe Rahmen dieser Erinnerungen gestattet es mir leider nicht, aller um unsre Sache verdienten Männer und Frauen zu gedenken. Einen hochherzigen Gönner möchte ich aber nicht unerwähnt lassen: den Zaren Ferdinand von Bulgarien. Auch während des Kriegs und nachher hat er keine Gelegenheit vorübergehen lassen, um uns und der Stadt Bayreuth seine Sympathie zu bekunden. Sogar die Konzertunternehmungen der hiesigen „Gesellschaft der Musikfreunde“ unter Leitung Kapellmeister Kittels unterstützt er durch Spenden und beehrt er mit seinem Besuche. Eine Aufführung meiner “Sonnenflammen“ in Koburg ermöglichte er durch reiche Zuwendung von Geldmitteln für eine schöne Inszenierung. In Bayreuth ist er eine populäre Gestalt, und trotz Republikanismus jubelt ihm das Volk bei seiner Ankunft und Abfahrt genau so zu wie früher. Wie er hier und in Koburg die Kunst nach wie vor unterstützt, so tun es viele unsrer Fürsten, unbekümmert darum, daß man sie beseitigt hat. Sicherlich wären die meisten der kleineren Hoftheater zugrunde gegangen, hätten sie sich nicht der finanziellen Hilfe ihrer Begründer zu erfreuen. Wie stolz waren nicht all die kleinen Residenzen auf ihr Hoftheater! Und das mit Recht, denn hier konnte ruhig, ohne Gedanken an finanzielle Resultate, daher ohne Hetze und ungenügende Vorbereitung, ohne die Künstler zu überanstrengen, gearbeitet

* Der einzige, der in den achtziger Jahren an den Universitäten über meinen Vater Vorträge zu halten den Mut hatte, war meines Wissens Henry Thode

werden. Welche hohe Bedeutung für die deutsche Kultur haben solche Stätten! Wer gedenkt nicht dankbaren Herzens der Eindrücke, die er durch die Wirksamkeit des Herzogs Georg von Meiningen empfangen hat! Der Name Karlsruhe war in der ganzen Welt bekannt. Ebenso Schwerin, Dessau, Weimar, Gera, Darmstadt.

Den Fürsten, die so uneigennützig für die deutsche Kunst gewirkt haben, sei hier ein besonderer Dank ausgesprochen. – Auch alle bedeutenden Leistungen unsrer Künstler hier zu besprechen, wäre sehr verlockend, aber das würde zu weit führen, denn alle könnte ich doch nicht nennen, und ich würde dadurch bei Unerwähnten zu Kränkungen Anlaß geben. Wer sie nicht gehört hat, kann sich ja sowieso aus einer Schilderung kein Bild machen, und wer sie gehört, bedarf deren nicht.

Die Kriegszeit, die meinem Lande nur Unglück brachte, führte mein Leben zu einer entscheidenden Wendung: ich fand das längst ersehnte Glück, eine Gattin und durch sie vier liebe heitere Kinder, zwei Knaben und zwei Mädchen. Winifred Williams, eine Engländerin, früh schon Waise, wurde von Karl Klindworth, dessen Frau mit ihr verwandt war, adoptiert und ganz deutsch und im Bayreuther Geist von diesem edlen großen Künstler erzogen. 1914 kam sie zu den Festspielen. Scherzend nannte ich mich einen Kriegsgewinnler, denn der Krieg hatte mir einen Gewinn gebracht, tausendmal mehr wert als alle Schätze, die viele andre sich in dieser Zeit errafften: ein liebendes Herz.

Mit einem Bericht über mein eigenes Schaffen möchte ich den Leser nicht langweilen. Wer sich dafür interessieren sollte, den verweise ich auf die Schriften von Paul Pretzsch, Glasenapp und Karpath. Die Motive meiner Dichtungen entnahm ich meistens der deutschen Volkssage; es liegen da noch viele ungehobene Schätze. Das Suchen, Sichten und Verknüpfen ist nicht so leicht. Unsre außerordentlichen Forscher, allen voran Jakob Grimm, haben sich ein hohes Verdienst um das Deutschtum errungen, indem sie all diese zersplitterten, zerstreuten, oft bis zur Unkenntlichkeit umgewandelten, ursprünglich der Götter- und Heldensage entnommenen Motive sammelten. Es ist ein erfreulicher Zug unsrer Zeit, daß immer mehr das Bedürfnis erwacht, der Volksseele sich zu nähern, das einzig wahre Mittel gegen die Großstadtverseuchung, die selbst schon unsre Landbevölkerung anzustecken droht. Daß ich nicht faul bin, kann aus der Tatsache ersehen werden, daß ich jetzt bei der Vollendung meiner dreizehnten Oper bin und daß ich noch mehrere dichterische Entwürfe skizziert habe. Sollte ich dereinst wegen irgendeiner Sünde in die Hölle kommen, so möchte ich mir wenigstens vom Teufel die Gunst erbitten, daß ich nicht in die Abteilung der Faulpelze, auch nicht in die der Lügner komme.

Es gibt Menschen, die gern aus mir eine tragische Figur machen möchten. Mit mitleidigem Lächeln sehen sie mich an, und was sie denken, dürfte vielleicht folgendermaßen lauten: „Du armer Mensch, wie muß dich die Last des Ruhmes deines gewaltigen Vaters niederdrücken! Wie bemitleiden wir dich. Und daß du die Verwegenheit besitzest, selbst noch als Opernkomponist aufzutreten, und so naiv bist, zu glauben, daß du damit durchdringst! Armer, mitleiderregender Mensch!" Ich antworte darauf: „Sehe ich wirklich so niedergedrückt und zerquetscht aus, lieber Leser? Es täte mir sehr leid, wenn ich solchen Eindruck erweckte, denn ich fühle mich sehr wohl und gesund. Allerdings gebe ich gern zu, daß es mir nicht gerade leicht gemacht wird."

Es bedarf schon der Geduld, bis man wenigstens eine kleine Anzahl der Vorurteile beseitigt hat, die gegen den Sohn eines großen Mannes feststehen. Ich weiß nicht, wie sich das in andern Ländern verhält; in Deutschland besteht jedenfalls ein Dogma, daß solch ein Sohn mindestens ein halber Esel, wenn nicht gar ein kompletter Idiot sein muß. Kommt nun einer, auf den dieses Dogma nicht ganz paßt, entsteht Verwirrung. Gottlob habe ich mir im Laufe der Jahre die Anerkennung und das Vertrauen all derer erworben, auf die es einem ernsten Künstler ankommt, der nicht der Mode des Tages huldigt, sondern treu einer inneren Stimme folgt. Sich treu bleiben: darauf kommt es an, und das war mein Bestreben, es Männern wie Hans v. Wolzogen gleich zu machen, die lieber leiden und sich verhöhnen lassen, als daß sie ihre Überzeugung aufgeben.

So rufe ich denn jenen mitleidig Lächelnden beruhigend zu: „Ich fühle mich durchaus nicht als tragische Gestalt, ich freue mich täglich, daß ich das Glück habe, einen solchen Vater zu haben, ich freue mich, eine solche Mutter, einen solchen Großvater mein nennen zu dürfen. Ich freue mich meiner Schwestern, die ihrem Bruder nur Liebe und Güte entgegenbringen; ich freue mich meiner schönen, heiteren, klugen Gattin, ich freue mich über die vier Kinderchen, ich freue mich, daß ich zur Heimat eine solche hübsche, gemütliche Stadt wie Bayreuth habe, deren Bürgerschaft bei allen Gelegenheiten mir Zeichen ihrer ehrlichen Sympathie gibt, ich bin stolz auf das Vertrauen, das mir das Festspielpublikum und unsre Künstler entgegenbringen – und ich freue mich – last not least – daß ich nicht ganz talentlos bin und von meinen Eltern ein reichliches Quantum Humor mitbekommen habe. Lieber Leser, findest du, daß jemand, der sich über so vieles zu freuen hat, eine bemitleidenswerte, tragische Gestalt ist? – ich finde es nicht!“

Editorische Notiz:

Die vorliegende Neuausgabe folgt dem 1923 bei *J. Engelhorns Nachf.* in Stuttgart erschienenen Erstdruck. Orthographie und Interpunktion der Erstausgabe blieben gewahrt; offensichtliche Druckfehler wurden stillschweigend korrigiert. Alle Auszeichnungen innerhalb der Erstausgabe (abweichende Typen, Sperrungen usw.) sind kursiv gedruckt. Der ursprünglich in Fraktur-Schrift gesetzte Text wird in dieser Ausgabe in Antiqua wiedergegeben.

Nachwort

„Ich schreibe eben ‚Erinnerungen', ein amerikanischer Verlag hat mich aufgefordert. Ich glaube, es wird ganz unterhaltend. An Humor soll's jedenfalls nicht fehlen."[1] Dass ein Mitglied der Familie Wagner seine Lebensgeschichte niederschreibt, ist nichts Außergewöhnliches, schon eher, dass der Unterhaltungswert und gar der Humor Kriterien bei der Abfassung sein sollen. Interessant ist darüber hinaus die Motivation, die Siegfried im oben zitierten Briefausschnitt anspricht, denn diese unterscheidet sich teilweise von den Beweggründen seiner Eltern, autobiographische Schriften zu verfassen bzw. Tagebuch zu führen.

Die monumentale Autobiographie des Vaters etwa kam auf Anregung seines Gönners und Mäzens Ludwig II. zustande und wurde der Ehefrau und Helferin Cosima in die Feder diktiert. Sicherlich hat Wagner mit Rücksicht auf beide u.a. seine Beteiligung an den revolutionären Erhebungen in Dresden 1848/49 sowie die Beziehung zu seiner ersten Frau Minna tendenziös eingefärbt. In *Mein Leben* schildert er seine Lebensgeschichte bis 1864, dem Jahr also, in dem der König sich des arg Gebeutelten annahm und ihn nach München berief. Ab 1870 ließ Wagner dann einen Privatdruck für Ludwig II. und einige Freunde herstellen.[2]

Die eigentliche Fortsetzung der Autobiographie über das Jahr 1864 hinaus bilden dann jedoch nicht die *Annalen* – stichwortartige Notizen zu den Jahren 1846-1868, die Wagner eigens für das Diktat von *Mein Leben* aufzeichnete –, sondern die *Tagebücher* Cosimas: begonnen am 1.1.1869 und bis zu Wagners Tod am 13.2.1883 geführt. Für wen diese Tagebücher geschrieben sind, geht eindeutig aus dem ersten Eintrag hervor, wenn es heißt: „So soll denn der erste Tag des Jahres auch den Anfang meiner Berichte an euch, meine Kinder, enthalten. Ihr sollt jede Stunde meines Lebens kennen, damit ihr mich dereinst erkennen könnt, [...]."[3] Weder bekamen jedoch alle Kinder noch dasjenige, dem sie besonders zugedacht waren, Siegfried nämlich, Einblick. Die zweite Tochter Wagners und spätere Frau Houston Stewart Chamberlains, Eva, hielt die Tagebücher unter Verschluss, sodass sie erst im Jahr 1972 publiziert werden konnten.

---

[1] Stassen (1942), S.49.

[2] Die Privatdrucke hat Cosima nach Wagners Tod von den Freunden und sogar von Ludwig II. zurückgefordert. Die erste öffentliche Ausgabe der Autobiographie erschien erst im Jahr 1911.

[3] Wagner, C. (1977), Bd.1, S.21.

Richard Wagner dachte auch in späteren Jahren noch daran, seine Lebensgeschichte weiterzuschreiben und die Lücke bis 1868 zu schließen, dem Zeitpunkt also,

> „von wo an sie [Cosima] selbst die allergenauesten Aufzeichnungen über mich, mein tägliches Leben und Thun, niedergeschrieben hat, so dass nach meinem Tode mein ganzes Leben bis zur letzten Stunde meinem Sohne dereinst lückenlos vorliegen wird".[4]

Der Adressat wird hier genannt. Weder dem königlichen Retter, an den die zitierten brieflichen Äußerungen von 1880 gerichtet waren, noch irgendwelchen Freunden wäre die fortzuschreibende Lebensgeschichte zugedacht gewesen, sondern einzig dem Sohn, Erben und Nachfolger.

Die *Erinnerungen* dieses Siegfried eben sollten zwar auch der <Bayreuther Sache> dienen, waren allerdings nicht auf lückenlose Geschlossenheit bedacht, waren auch nicht für die Familie oder Freunde bestimmt und beschränken sich in ihrer Auswahl auf ausgesuchte Lebensabschnitte, Personen und Ereignisse. Siegfried schreibt viel über ihm nahe stehende Personen, wenig über sich selbst; viel über die Bayreuther Zustände, nichts zu seinen Opern. Das sagt nichts über die literarische Qualität der *Erinnerungen* aus, umso mehr aber über die Person Siegfrieds, der sich vielleicht hier einmal nicht am Vater messen lassen wollte. Sein *Reisetagebuch 1892*, das er teilweise in die *Erinnerungen* eingefügt hat, ist erst nach seinem Tod im Jahr 1935 als Privatdruck erschienen.[5]

1944 publizierte Siegfrieds Lieblingstochter Friedelind ihre Lebensgeschichte, die der amerikanische Journalist Page Cooper nach ihren Angaben geschrieben hatte. Das englische Original wurde 1945 unter dem Titel *Nacht über Bayreuth* ins Deutsche übersetzt. Darin rechtfertigt Friedelind ihre Emigration im Jahre 1939 – sie war neben ihrem Cousin Franz Wilhelm Beidler die einzige, die offen Stellung gegen die Nationalsozialisten bezogen hatte –, zeichnet ein stark idealisiertes Bild des Vaters und verwechselt vielfach die Realität mit dem Ideal.

---

[4] Wagner – Ludwig II. (1936), Bd.3, S.169.

[5] In einem „Geleitwort" zum Privatdruck schreibt Winifred im Jahr 1935: „Von dem Wunsche beseelt, unseren Freunden zum Weihnachtsfest eine kleine Freude zu bereiten, haben wir uns entschlossen, das Reisetagebuch in seinem ganzen Umfange als Privatdruck erscheinen zu lassen. Die Aufzeichnungen eignen sich nicht für die Öffentlichkeit; ich gehe aber wohl nicht fehl in der Annahme, daß sie seinen Freunden durch ihre Ursprünglichkeit und Anschaulichkeit willkommen sein werden. Wagner, S. [1935], o.S.

1994 veröffentlichte auch Wolfgang Wagner seine Autobiographie *Lebensakte*. Den Bitten und überzeugenden Argumenten seines Verlegers – so der Bruder Friedelinds – konnte er sich nicht mehr entziehen.[6]

Somit sind autobiographische Zeugnisse der Eltern (Richard und Cosima), der Kinder (Friedelind und Wolfgang) und Enkelkinder (Gottfried und Nike) Siegfrieds publiziert und teilweise mehrfach aufgelegt, nur die *Erinnerungen* waren bisher nicht greifbar. Erst mit ihnen jedoch ist die Familiengeschichte der Wagners aus erster Hand lückenlos dokumentiert.

Anlass zur Abfassung der Autobiographie

Im Jahr 1923 stand es nicht gut um die Bayreuther Festspiele. Seit Kriegsbeginn 1914 war das Festspielhaus geschlossen. Die Ermordung des österreichischen Thronfolgers fiel damals mitten in die Bayreuther Probenphase und als am 22.Juli desselben Jahres die 22.Festspiele begannen, versuchten die Ausführenden – trotz der Abreise ungarischer und österreichischer Gäste – die drohende Kriegsgefahr zu verdrängen. Am 1.August schließlich – dem Tag der deutschen Mobilmachung und Kriegserklärung an Russland – schloss sich der Vorhang nach einer Vorstellung des *Parsifal* für zehn Jahre. Erst 1924 wurde auf dem Grünen Hügel wieder gespielt.

Das heißt nun aber nicht, dass die <Bayreuther Sache> in diesen Jahren gänzlich stillgestanden hätte. Siegfried Wagner, der seit 1908 die Leitung der Festspiele innehatte, reiste quer durch Deutschland, dirigierte, komponierte, schrieb Libretti und zeugte vier Kinder. Auch oder gerade in den Jahren nach Kriegsende verdiente er den Unterhalt der Familie hauptsächlich durch Konzert- und Operndirigate. An eine Wiedereröffnung der Festspiele war aber nicht zu denken, drückten doch noch 400 000 Mark <Kriegsschulden> des Jahres 1914.

Im Jahr 1921 wurden dann erste konkrete Schritte unternommen, die eine Wiedereröffnung der Bayreuther Festspiele in naher Zukunft einleiten sollten.

---

[6] Wagner, W. (1994), S.9. Nur der Vollständigkeit halber sei hier noch auf die autobiographische Abrechnung Gottfried Wagners hingewiesen: Wagner, G. (1997). Die Studie seiner Cousine Nike – eine Mischung aus Familiensaga, Werkinterpretationen und Kulturgeschichte - geht weit über den Anspruch einer Familiengeschichte hinaus: Wagner, N. (1998).

Am 21.Juni wurde die „Deutsche Festspielstiftung" gegründet, die dazu aufrief, Patronatsscheine zu unterzeichnen. Doch wie es um diese Stiftung stand, verdeutlicht ein Brief Siegfried Wagners vom Dezember desselben Jahres:

> „Leicht wird es nicht sein, ich fürchte sogar, daß es unter den jetzigen Verhältnissen in Deutschland selbst ganz unmöglich ist, denn wir brauchen eine Summe von mindestens 6 bis 10 Millionen. Die Freunde Bayreuths gehören aber fast ausschließlich den Kreisen an, die unter dem Krieg finanziell am schwersten gelitten haben. Wir glauben aber bestimmt annehmen zu können, daß die ausländischen Freunde und speziell die Amerikaner, die früher hier so zahlreich vertreten waren und die Bedeutung der Festspiele für die gesamte Kulturwelt erfaßt haben, uns gern helfen werden. Wie aber unsere Notlage den ‚Bayreuthern' jenseits des Ozeans mitteilen?"[7]

Siegfried fand mehrere Antworten auf diese Frage: Von Januar bis März 1924 reiste er nach Amerika, dirigierte und repräsentierte ganz im Dienste Bayreuths. Er leitete Konzerte – auf dem Programm standen Werke des Großvaters, des Vaters und eigene Stücke –, gab Interviews, zeigte sich auf Empfängen und sammelte Geld für die Wiedereröffnung der Festspiele. Ein Fazit dieser Reise klingt dann offiziell so:

> „Steht der finanzielle Erfolg auch hinter dem künstlerischen zurück, so bedauere ich doch keinen Augenblick, diese Fahrt unternommen zu haben. Reich an großen unvergeßlichen Eindrücken, kehrten wir heim."[8]

Das finanzielle Ergebnis war jedoch überaus unbefriedigend: Nach Abzug der Reisekosten und der Spesen bleiben ca. 8000 Dollar für die Festspiele übrig.

Als weitere Antwort auf die oben gestellte Frage können die *Erinnerungen* gelten. Siegfried schrieb sie laut eigener Aussage für einen amerikanischen Verlag im Jahr 1922.[9] Ideologisch sollte die Amerikafahrt also bestens vorbereitet sein. Die Arbeit an den *Erinnerungen* gefiel ihm sogar besser als die Dirigate, und so beklagt er sich bei Franz Stassen darüber, dass er sich „zehn Monate des Jahres [...] mit Konzerten abrackern" und „in den bescheidensten Städten herumdirigieren [müsse], um Geld zu verdienen".[10] 1923 erschienen Siegfrieds *Erinnerungen* in deutscher Sprache und dienten ihm auf seinen Bayreuther Werbereisen als Vorlage für seine Vorträge, die er u.a. in

---

[7] Zitiert nach Pachl (1994), S.312f.

[8] Wagner, S. (1925), S.278.

[9] Im Vorwort zur zweiten Auflage schreibt Winifred allerdings, dass die *Erinnerungen* 1923 im Auftrag von Dr. Adolf Spemann, dem Leiter des Stuttgarter Engelhorn-Verlags, entstanden seien. Bestätigt wird diese Aussage durch die Memoiren Spemanns. Für dessen Reihe *Musikalische Volksbücher* hatte er Siegfried Wagner gebeten, „sein Leben für [ihn] aufzuzeichnen". Spemann (1959), S.200.

[10] Stassen (1942), S.49.

der Schweiz und in der Tschechoslowakei hielt. Der Anlass für die Abfassung war also ein ganz konkreter, und er lag weniger in der Person Siegfrieds begründet als im Wunsch, die Werke des Vaters an heimischer Stätte wieder aufführen zu können.

Formen des autobiographischen Erzählens in den *Erinnerungen*

Die *Erinnerungen* vereinen zwei unterschiedliche Formen autobiographischen Erzählens: das Tagebuch und die Memoiren. Es besteht sicherlich eine gewisse Affinität zwischen Memoiren und Tagebuch, so bilden Tagebücher in vielen Fällen die Materialbasis für autobiographische Schriften,[11] doch sind die Unterschiede evident: der Gegenstandsbereich, die Zeit der Abfassung, der Adressatenbezug, die Gliederung, die Perspektive des Erzählens etc. Das Ungewöhnliche an den *Erinnerungen* ist jedoch, dass die Tagebuchaufzeichnungen nicht als Vorlage dienen, sondern – wenn auch gekürzt und zensiert – wörtlich übernommen werden. Meist fehlen die Einträge am Beginn und am Ende eines Tages, wobei die jeweiligen Passagen dann komplett gestrichen sind. Teilweise fehlen auch ganze Tage und Wochen.

Die *Erinnerungen* richten sich, wie oben schon angedeutet, an eine ganz bestimmte Adresse, nämlich an die des potentiellen Besuchers der Festspiele. Den anvisierten Leser und hoffentlich neuen oder alten Festspielbesucher weiß Siegfried im Adel und im Großbürgertum und damit bei den Gegnern der noch jungen Weimarer Republik. Wenn er also explizit die gesellschaftliche Zusammensetzung des Bayreuther Publikums der Vorkriegszeit anspricht, ist damit auch implizit der Adressat der *Erinnerungen* genannt.

Vorausgesetzt dass ein Tagebuch nicht nur das diarische Ich als Leser seiner selbst anspricht, erweitert sich der Kreis der Rezipienten des *Reisetagebuchs*. Obwohl niemand direkt genannt wird, können nur die engsten Familienangehörigen in Frage kommen, da der Autor von einem umfassenden Wissen der Bayreuther privat-familiären Verhältnisse ausgeht. Wer weiß schon, dass „Boni“ der Kosename der Schwester Blandine ist, dass mit „Üch“ Eduard Speyer gemeint ist und dass sich „Voilà“ auf einen Ausspruch Franz

---

[11] Franz Grillparzer etwa nutzte Tagebuchaufzeichnungen für seine spätere *Selbstbiographie*. Vgl. Lehmann (1988), S.36.

Liszts bezieht, der seiner Empörung über eine vermeintliche Unhöflichkeit mit „Voilà la porte, voilà la fenêtre“ Luft machte. Die Druckfassung von 1935 – immerhin den Freunden zugedacht – versieht Winifred mit Fußnoten, die Wortschöpfungen erklären sollen, „die heute noch innerhalb der Familie gebräuchlich sind“.[12]

Auswahl und Strukturierung vergangener Ereignisse sind sowohl im Tagebuch als auch in den Memoiren abhängig von der jeweiligen Schreibsituation des Autors. Beim Reisetagebuch wechseln Orte und Tage und bestimmen damit den Rahmen des zu Erzählenden. Alles, was ein Tag bringt, ist somit potentielles Tagebuchmaterial. Gerade im Reisetagebuch wird die Auswahl besonders von der natürlichen Umgebung beeinflusst und so nehmen Natur- und Landschaftsschilderungen vor allem in den *Erinnerungen* einen großen Raum ein. Die Schilderung der Katarakte von Pagsanyan auf den Philippinen und der Whampoagärten in Singapur sind nur zwei Beispiele, die Siegfried ungekürzt übernommen hat. Daneben ist das Tagebuch auch eine Art touristischer Berichterstattung, die reine Sachinformationen enthält: Sehenswürdigkeiten, Stadtrundgänge, Essgewohnheiten. Damit erfüllt Siegfrieds Tagebuch teilweise auch die Funktion eines Reiseführers. In Granada etwa notiert er beim Rundgang durch die Alhambra die Abfolge der einzelnen Räume und streicht dies natürlich für die *Erinnerungen*. Der Tagebuchschreiber Siegfried bleibt jedoch nicht auf der Ebene des neutral-distanzierten Berichterstatters. Wenn Siegfried den Ablauf von Theateraufführungen nacherzählt, Eindrücke beim Besuch eines Gefängnisses schildert oder das Aussehen und die Verhaltensweisen der jeweiligen Bevölkerung beschreibt, gewinnt das *Reisetagebuch* subjektivere Züge, die bisweilen in die so charak-

[12] Wagner, S. [1935], o.S. Zusätzlich zu den regelmäßigen Eintragungen schickt Siegfried Telegramme und Briefe nach Hause, um die Familie auf dem Laufenden zu halten.

teristische diarische Reflexion führen. Ob religiöser, moralischer oder gesellschaftlicher Art, immer bleiben sie jedoch sozialdarwinistisch eingefärbt.[13]

Der Standort des Autors der *Erinnerungen* ist ein gänzlich anderer und dadurch ist auch sein raum-zeitliches Verhältnis zu den geschilderten Personen und Handlungen ein anderes. Der nicht täglich wechselnde <point of view> bietet durch die Entfernung einen größeren Überblick. Man schreibt das Jahr 1922, Siegfried steht unmittelbar vor dem Abschluss einer neuen Komposition und hofft auf die Wiedereröffnung der Festspiele im kommenden Jahr. Nicht vom vergangenen Tag ist zu berichten, sondern von all den vergangenen Jahren seit 1869. Hier schreibt kein 23-jähriger Student, sondern ein anerkannter Festspielchef. Die Auswahl des Erzählten wird von gänzlich anderen Parametern bestimmt als die Tagebucheinträge. Pragmatische Faktoren werden wichtiger; andere Fragen stellen sich: Für wen schreibe ich? Was möchte ich erreichen? Wer muss gewürdigt werden? Dadurch erklären sich der Entwurf eines harmonischen Familienlebens (Richard, Cosima, Franz Liszt), die Würdigung der verdienten Bayreuther <Mitarbeiter> (Adolf von Groß, Hans von Wolzogen, Hans Richter) und die Betonung der Leistungen Cosimas (Stilbildungsschule, Erweiterung und Konsolidierung des Spielplans).

Das erklärt auch die Gliederung der *Erinnerungen*. Siegfried liegt nichts an einer chronologischen Nachzeichnung seines Lebensweges wie etwa im *Reisetagebuch*, in dem die Schilderung der Reisetage – die Hin- und Rückfahrt ausgenommen – mehr oder weniger ausführlichen Raum erhält. Er gewichtet nicht nur einzelne Phasen seiner Lebensgeschichte unterschiedlich, sondern stellt seine eigene Person auch meist in den Hintergrund: Schul- und

[13] Nachfolgend seien nur einige Beispiele aus dem *Reisetagebuch* angeführt, die aus den *Erinnerungen* gestrichen wurden: Während die Chinesen nett, ruhig und beflügelt servieren, sind die „Deutschen, d.h. grossentheils Juden im Hotel [...] greulich, lärmig und affenartig"! Wagner, S. [1935], S.70. Nur eine Seite weiter unten heißt es dann aber: „Die Chinesen, obwohl wir sie sehr gern haben, sind doch recht geldgierig u. sie bilden ein, wenn auch angenehmeres Pendant zu unseren ‚Nagods'." Wagner, S. [1935], S.71. „Nagods" war der Bayreuther Deckname für die Juden, wie Winifred in einer Fußnote erläutert. Siegfried klagt über die Verkommenheit der Spanier, bemängelt die vollständig fehlende Intelligenz der Eingeborenen auf den Philippinen und fordert am Ende eines undatierten Eintrages, den er während der Fahrt auf die Philippinen geschrieben haben muss: „O könnten wir Deutsche u. Engländer diese Inseln untereinander theilen! Denn nur wir beide haben Anspruch, da keine anderen, wie z.B. Franzosen, hier sind. Was könnte aus diesem Lande gemacht werden, das jetzt halbverwildert unbenützt daliegt!" Wagner, S. [1935], S.174.

Studienzeit werden kurz gestreift, die Bayreuther Lehrjahre schnell abgehandelt, die eigenen Werke nicht einmal namentlich erwähnt. Nun besteht ja eigentlich die Besonderheit von autobiographischen Texten gerade im Verhältnis des Schreibenden zu seinem Gegenstand. Doch genau diesen – das eigene Leben nämlich – vernachlässigt Siegfried auffällig. Nicht um die Darstellung von selbst Erlebtem oder die Rechtfertigung des eigenen Verhaltens geht es dem Verfasser der *Erinnerungen*, sondern einzig und allein um eine Rechtfertigung des bisherigen Bayreuther Weges. Die Wahrhaftigkeit der Ideen des Vaters, die Überzeugung der Künstler und Mitarbeiter der Festspiele seit 1872, die Würdigung der Leistungen Cosimas, die Uneigennützigkeit seines eigenen Engagements, das möchte Siegfried nachweisen. Aus der Distanz zu seiner eigenen Lebensgeschichte psychologische Schlüsse ziehen zu wollen, hieße den Sinn der *Erinnerungen* verkennen. Sicher hatte er mit dem Trauma des Münchner *Herzog Wildfang*-Debakels zu kämpfen – seine zweite Oper wurde bei der Premiere 1901 ausgepfiffen –, doch geht es in den *Erinnerungen*, so paradox das auch klingen mag, nicht primär um ihn.

Die unterschiedlichen Formen autobiographischen Erzählens, das Tagebuch und die Memoiren, zu einem einheitlichen Text zu verknüpfen, konnte Siegfried nicht gelingen. Doch macht gerade das den Reiz der *Erinnerungen* aus. Aus den Tagebuchaufzeichnungen spricht ein unmittelbarer, persönlicher, witziger Siegfried, aus den Memoiren ein distanzierter, sehr bewusst auswählender. Letztere zeichnen zeitweise und vielleicht unwillkürlich ein uneingestandenes Wunschbild des Vergangenen, wie es hätte sein sollen. Das Ausmaß der bewussten Ich-Stilisierung seines Vaters hat Siegfried jedoch nie erreicht.

Zur Biographie Siegfried Wagners

„Siegfried Richard wird seines Vaters Namen erben und seine Werke der Welt erhalten!“[14] Die geäußerte Erwartung des glückliche Familienvaters Richard, der die Geburt des ersten und einzigen Stammhalters 1869 als Befreiung empfindet, wird ein Leben bestimmen, das gänzlich im Dienst der <Bayreuther Sache> steht. Die väterliche Last hat der Sohn ein Leben lang zu

[14] Zitiert nach Bauer (2001), S.100.

tragen. Das Architekturstudium darf er erst nach einem musikalischen Probejahr bei Engelbert Humperdinck aufnehmen. Die homosexuellen Neigungen muss der Festspielleiter unterdrücken, da er als einziger männlicher Erbe für die Weiterführung der Familien-Dynastie zu sorgen hat. Siegfrieds eigene Kompositionen stehen immer im Schatten der väterlichen Opern, werden an ihnen gemessen und fallen beim Publikum meist durch. Als seine Mutter im Jahr 1930 stirbt, folgt ihr der Sohn nur wenige Monate später.

Im Jahr 1869 als lang ersehnter Erbe in Tribschen geboren, zog Siegfried 1872 mit den Eltern nach Bayreuth. Bis zum Tod des Vaters 1883 erhielt er sowohl im heimischen Wahnfried als auch während der längeren Italienaufenthalte Privatunterricht von verschiedenen Lehrern. Im Todesjahr des Vaters wechselte er auf das Bayreuther Gymnasium, an dem er am 3.August 1889 auch das Abitur ablegte. Die Mutter bestand auf einer Art musikalischer Grundausbildung und schickte den Sohn vor dem Beginn des Architekturstudiums ein Jahr in die Lehre zu Engelbert Humperdinck. Was sie von dem Komponisten erwartet, formuliert sie in einem Brief vom 8.10.1889:

> „Nächsten Dienstag übersiedelt mein Siegfried nach Frankfurt, und ist es mein Wunsch, daß derselbe dort gründlich die Musik studiere. Er soll zu Ihnen – wenn es Ihnen recht ist – regelmäßig gehen, dann in das Raffsche Konservatorium sich einschreiben, und ich bitte Sie, es genau mit ihm einzuteilen, wo er Harmonielehre, wo Kontrapunkt, wo das Lesen der Partituren vornimmt. Sehr viel liegt mir an der gründlichen und geistvollen Analyse der klassischen Werke, sowohl Mozarts als der Meister der altfranzösischen Schule, und wünsche ich, daß er möglichst viel aus unserer großen musikalischen Literatur zu hören bekommt. Wie gesagt, Musik soll jetzt sein einziges Studium sein, [...].“[15]

Cosima hält auch während der Lehrzeit Kontakt zu Humperdinck und macht sogar Vorschläge, welche Stücke gut ins Ausbildungsprogramm passen würden: Mozarts *Zauberflöte* ist geeignet, Chabriers *Le roi malgré lui* nicht. Berlioz' *Béatrice et Bénédict* wird empfohlen, nicht aber dessen *Benvenuto Cellini*.[16]

Siegfried nahm dann 1890 das Studium der Architektur in Berlin auf, wechselte aber schon bald nach Karlsruhe. Ausschlaggebend waren dafür allerdings keine studientechnischen Gründe. Felix Mottl leitete am dortigen Opernhaus exemplarische Aufführungen der Werke Wagners und die Mutter sah es natürlich gern, dass der Sohn über diesen sein eigentliches Studium vernachlässigte. Nach seiner Ostasienreise 1892 nahm Siegfried dann auch

---

[15] Wagner, C. (1980), S.192.
[16] Vgl. Wagner, C. (1980), S.217ff.

gleich als musikalischer Assistent an den Festspielen teil, während er ein Jahr zuvor noch Beleuchtungsassistent gewesen war.[17] 1894 stieg er dann schon zum Probendirigenten auf und leitete 1896 seine ersten Aufführungen am Grünen Hügel, den vierten Zyklus der *Ring*-Tetralogie.[18]

Neben seiner Ausbildung zum Dirigenten, die unter der Aufsicht bewährter Bayreuther Kräfte (Humperdinck, Kniese, Richter und Mottl) stand, begann Siegfried auch selbst zu komponieren. Mit seinen volkstümlich-humoristischen Opern auf selbst verfasste Libretti, die Titel wie *Bruder Lustig* oder *Herzog Wildfang* tragen, schrieb er „freundliche Bühnengebrauchsmusik“[19] und wollte sich bewusst vom übermächtigen Vater absetzen. Von dem könne man „Stil, Deklamation, Instrumentation, Knappheit, dramaturgischen Aufbau“ lernen, so Siegfried. Man solle sich aber davor hüten, „je auf den Kothurn zu steigen, sonst“ werde man zum „jammervollen Epigonen“.[20] Folgerichtig sah Siegfried seine Hauptaufgabe darin, die Funktion des Festspielleiters zu übernehmen.

Während dem Komponisten Siegfried mit seinen eigenen Werken nie länger währender Erfolg zuteil wurde, fielen die Urteile über den Dirigenten immerhin zwiespältig aus. Von 1896 bis 1914 leitete er bei den Festspielen regelmäßig meist ein Werk. Nach der Wiedereröffnung 1924 stand er nur noch in einem Jahr vor dem Orchester. Immerhin erhielt er Lob von so prominenter Seite wie Gustav Mahler und George Bernard Shaw.[21]

Weniger umstritten waren allerdings seine Leistungen als Regisseur. Schon vor dem Einschnitt des Ersten Weltkriegs inszenierte Siegfried drei Opern in Bayreuth, die überwiegend lobend besprochen wurden. Besonders seine *Meistersinger* von 1911 wurden als Durchbruch gewertet, mit dem auch in Bayreuth das Tor zur Moderne geöffnet worden sei. In den Jahren nach der Wiedereröffnung war für Neuproduktionen kaum Geld vorhanden und

[17] Ludwig Karpath schreibt hierzu: „Nichts lag näher, als daß Siegfried Wagner sozusagen im eigenen Hause anfing, einen praktischen Lehrkursus durchzumachen. Er dient von der Pieke auf. [...] Er übte sich in bühnentechnischen Dingen und zog aus seinen eingehenden Studien bei Kniese [dem Chorleiter] Vorteil für sein späteres Wirken als Dirigent.“ Karpath o.J., S.21.

[18] Vgl. Spotts (1994), S.134.

[19] Fischer (2000), S.43.

[20] Karpath o.J., S.35.

[21] Der Schwerpunkt von Siegfrieds Arbeit im Festspielhaus sollte auch seiner eigenen Ansicht nach nicht im Orchestergraben liegen: „Mein Streben steht [...] weniger auf das Dirigieren, als auf das Bühnenleiten in Bayreuth. Gute Kapellmeister wird man hoffentlich immer finden.“ Zitiert nach Voss (1976), S.36.

Siegfried polierte alte Inszenierungen auf, sodass von den Kritikern außer der Lichtregie nichts gelobt werden konnte. Der *Ring* wurde immerhin teilweise mit neuen Bühnenbildern ausgestattet. Nach einem bemerkenswerten neuen *Tristan* im Jahr 1927 gelang ihm in seinem Todesjahr 1930 eine aufregende Neudeutung des *Tannhäuser*. Nicht nur wegen des Dirigates von Arturo Toscanini und der avantgardistischen Choreographie von Rudolf von Laban, auch Siegfrieds Chorregie, seiner Lichtführung und vieler überraschender Effekte wegen war diese Inszenierung seine avancierteste.[22]

Siegfried wird als ausgesprochen umgänglich, jovial und tolerant geschildert: von den Kindern geliebt, von den Künstlern geachtet. Anna Bahr-Mildenburg, die Frau des Schriftstellers Hermann Bahr, beschreibt den Festspielleiter und die Probenatmosphäre so:

> „Punkt neun Uhr kommt Siegfried Wagner angefahren. Er trägt meistens Kniehosen und gelbe Strümpfe, tritt morgenfrisch gelaunt gleich mitten unter die Künstler, begrüßt jeden mit irgendeinem netten lustigen Wort, steht vor dem Tor [...], bis er plötzlich auf die Uhr sieht und ‚nun Kinder, \`s ist Zeit, kommt, kommt!' über den Platz hin ruft, energisch in die Hände klatscht und unter seinem Vortritt dann die ganze Versammlung ins Festspielhaus zieht. [...] Und nun kann man da oben Siegfried in seinem Element beobachten und bewundern! Er ist der geborene Regisseur, unermüdlich in seinem Eifer, unerschöpflich in seiner Energie. [...] Kein Nachlassen der Aufmerksamkeit, keine Zerstreutheit, keine Halbheit duldet er je, er fordert von jedem, daß er sein Bestes gebe, und dieser unerbittlichen Strenge, zusammen mit einer ungemein liebenswürdigen Art, Menschen zu nehmen und zu leiten, gelingt es, sie in seine Zwecke und Ziele zu fügen."[23]

Im Jahr 1908 wurde Siegfried dann unumschränkter Herrscher auf dem Grünen Hügel. Cosima hatte sich nach mehreren Herzattacken zurückgezogen und es war nun am Sohn, für den Fortgang nicht nur der Festspiele zu sorgen. Er heiratete 1915 die Adoptivtochter des Lisztschülers und Wagnerianers Karl Klindworth, die ihm zwei Jahre später den erwünschten Sohn schenkte, womit

[22] Siegfrieds Regiearbeiten in den zwanziger Jahren sieht Sven Friedrich „als Versuch, an längst verlorenen Kontinuitäten anzuknüpfen, dabei Modernisierungen zuzulassen, ohne sich jedoch der als kunstbolschewistisch empfundenen Theaterreform mit Stilbühne zu sehr zu nähern; ein ästhetischer Schlingerkurs also, verstärkt durch zunehmende, zum Teil nicht abschätzbare wirtschaftliche und politische Einflüsse und Sachzwänge". Friedrich (2003), S.267. Zu den Inszenierungen Siegfrieds vgl. auch Humperdinck (2001).

[23] Bahr-Mildenburg / Bahr (1912), S.32ff. Anna Bahr-Mildenburg nimmt die Beschreibung der Probenzeit in Bayreuth später in ihre Memoiren auf. Vgl. Bahr-Mildenburg (1921), S.88-94. Vergleichbares schreibt auch Kurt Söhnlein in seinen *Erinnerungen*: „Siegfried war eine jeder Fröhlichkeit zugetane Natur; er konnte ungebunden scherzen mit jedem Scherzenden, - und wußte dennoch eine unsichtbare Grenze zu wahren. [...] Dabei war das Gewinnendste an ihm sein schlichtes, reines Menschentum." Söhnlein (1980), S.79.

die Nachfolge gesichert war. Die ersten Ehejahre fielen in schwierige Zeiten, denn der Erste Weltkrieg hinterließ auch im tiefsten Oberfranken seine Spuren und die anschließenden Inflationsjahre ruinierten die Finanzen der Familie.

In den Jahren nach 1923 begann aber auch die Annäherung Wahnfrieds an die Nationalsozialisten. Politisch stand Siegfried schon seit Ende des Weltkrieges eher rechts. Eine Reaktion auf die Wahl vom Januar 1919 zeigt erste antijüdische Ausfälle, die sich in ihrer Schärfe deutlich von den Äußerungen im *Reisetagebuch* unterscheiden: „Nun, mit Deutschland ist's zu Ende für alle Zeiten. Jehovah hat sein Volk zum Siege geführt, und wir sind geknechtet! [...] Pfui über Deutschland! Ekel und Abscheu ergreift einen!“[24] Wie Franz Stassen berichtet, war Siegfried von Anfang an „für die Bewegung“ begeistert, „von der er Deutschlands Erwachen und seine Erneuerung erhoffte“.[25] An der Person Hitlers lobte er die „tiefe[n], schöne[n] Augen“ und die „Herzensgüte“.[26] Obwohl er es bis weit in die zwanziger Jahre hinein vermied, sich öffentlich mit Hitler zu zeigen, waren die Gerüchte um seine Sympathien für den Nationalsozialismus bis nach Amerika gedrungen, und gerade dort wollte er im Jahr 1924 Geld für die <Bayreuther Sache> sammeln.[27]

Während der Festspiele 1930 starb Siegfried. Den Triumph Toscaninis – er hatte den Dirigenten in Bayreuth gegen viele Widerstände durchgesetzt – erlebte er ebenso wenig wie die Erfüllung seines Traumes von der Neuinszenierung des *Tannhäuser*. Manche würden das tragisch nennen, Siegfried selbst hätte es wohl anders gesehen.

Aufbau und Inhalt der *Erinnerungen*

Die *Erinnerungen* sind ein heterogenes Werk. Einen großen Teil des Textes machen Aufzeichnungen aus, die Siegfried dem *Reisetagebuch* seiner Ostasienfahrt von 1892 entnommen hat. Nach dem knapp einjährigen Architekturstudium in Karlsruhe bereiste er mit seinem Freund Clement Harris von Februar bis Juni Asien und kam in der Anfangsphase der

---

[24] Humperdinck (1999), Bd.3, S.326.
[25] Stassen (1942), S.50.
[26] Zitiert nach Stassen (1942), S.53.
[27] Zur Verstrickung der Festspiele in den Nationalsozialismus vgl. Hamann (2002).

Probenarbeit zurück nach Bayreuth. Das Jahr 1892 hat damit einen Stellenwert in den *Erinnerungen*, der zu rechtfertigen sein wird.

In den Passagen, die dem Reisebericht vorangestellt sind, beschreibt Siegfried einige zentrale Personen und Erlebnisse seiner Kinder- und Jugendzeit. Die vier großen Italienreisen der Familie (1876, 1880, 1881/82, 1882/83) nehmen den größten Raum ein, wobei Siegfried hier im Nachhinein einige Jahreszahlen durcheinanderbringt. Er schildert besonders sein aufkeimendes Interesse für die Architektur und seine ersten Versuche als Zeichner. Die Begegnung mit Freunden der Familie nimmt er zum Anlass, kurze Charakterstudien zu entwerfen. So erfahren alte Freunde und Verwandte wie Malwida von Meysenbug und Franz Liszt postum eine Würdigung. Siegfried schweift hier immer wieder vom linearen Erzählen ab, ruft sich dann aber selbst zur Ordnung und versucht die Chronologie einzuhalten. Gleichzeitig retuschiert er am Familienbild, indem er problematische Beziehungen ausspart: Das letzte Zusammentreffen Nietzsches mit Wagner in Sorrent wird nur beiläufig erwähnt, das schwierige Verhältnis Cosimas zu ihrem Vater harmonisiert, das mangelnde Verständnis Wagners für die späten Klavierkompositionen Liszts übergangen.

Die Bayreuther Schulzeit nach dem Tod des Vaters am 13.Februar 1883 wird nur gestreift, einige Lehrer werden kurz gewürdigt. Mitschüler bleiben nicht im Gedächtnis und zusammenfassend stellt Siegfried lapidar fest: „Gern und dankbar gedenke ich meiner Schulzeit" (S.25 dieser Ausgabe). Die Kurzbeschreibung seiner Studienjahre dient wieder der Charakterisierung zweier Personen, die sowohl für das Werk des Vaters als auch für den eigenen Werdegang von Bedeutung waren: der schon erwähnte Humperdinck und der am Karlsruher Theater tätige Dirigent Felix Mottl. Die Beschreibung der 1892 folgenden großen Ostasienreise wird dann aus den Tagebuchaufzeichnungen übernommen, natürlich nach gründlicher Selbstzensur und in gekürzter Fassung.

Nach der Rückkehr wird Siegfried ins Bayreuther Festspielgeschehen integriert. Aber auch hier beschreibt er weniger seine Arbeit als die Schwierigkeiten der Mutter, sich als Festspielleiterin durchzusetzen. Gegner mannigfaltigster Art gab es genug: Hyper-Wagnerianer, Ultra-Nationalisten, Chauvinisten und Anti-Wagnerianer. Auf letztere geht Siegfried in den *Erinnerungen* gar nicht ein, während er die erste Gruppe – mit dem Abstand von über 30 Jahren und als es an Cosimas Leistungen nichts mehr zu kritisieren gab – liebenswert-lächerlich zeigt. Da ist die Dame, die beim Naseputzen ihres Gatten ausruft: „War das sein Horn" (S.78)? Da sind die Anhänger, die den *Tannhäuser* als untauglich für Bayreuth einschätzen, weil es ein Jugendwerk Wagners sei. Da sind aber auch jene, die ganz einfach an Cosimas Kompetenz zweifeln. Diesen Vorwurf erwähnt Siegfried nicht explizit, aber indem er die Leistungen der Mutter herausstellt, geht er indirekt auf die doch schwerwiegenden Vorwürfe ein. Die persönliche Rolleneinstudierung mit den Sängern, die Bayreuther Stilbildungsschule sind nur zwei Beispiele für die erfolgreiche Arbeit Cosimas. Auch hier werden die Leistungen zweier Freunde besonders herausgehoben: Adolf von Groß und Hans Richter. Keine der <Neuinszenierungen> Cosimas bis 1902 wird ausgelassen. Als sie 1901 Wagners erste Bayreuth-taugliche Oper, den *Fliegenden Holländer*, ohne Pausen inszenierte, verärgerte sie wieder einmal die Altwagnerianer, und Siegfrieds Replik „Jetzt murrte niemand mehr, wie früher beim Tannhäuser" (S.83) fällt in den Bereich nachträglicher Harmonisierungstendenzen.

Die Ultra-Nationalisten störte natürlich die französische Abstammung der Gattin des <Meisters> ebenso wie die Wahl ausländischer Sänger: Lillian Nordica war Amerikanerin, Ernest van Dyck Flame, Demeter Popovici Rumäne, Zoltan Doeme Ungar. Und wie eine Bestätigung von Siegfrieds Hinweis auf nationalistische Untertöne wirkt ein Brief Martin Plüddemanns an Ludwig Schemann dem Jahr 1896:

> „Wagners Werke können voll aber nur aus dem tiefsten Grunde des deutschen Gemütes, der deutschen Musik verstanden und wiedergegeben werden. [...] Gefährlicher ist der Bayreuther Internationalismus, wie er gerade durch Cosimas echt französisches, jedenfalls vom Wirbel bis zur Zehe undeutsches Wesen zum Verderben Bayreuths heraufbeschworen wurde! [...] Seit 1888 [...] sind die *Fremden* heimisch geworden in B[ayreuth], während sich der *Deutsche* so ungemütlich fühlt wie damals [...]."[28]

Chauvinistisches liest man von Friedrich von Hausegger, der 1891 an den Bayreuther Hausideologen Hans von Wolzogen schreibt:

> „Es ist unmöglich, daß ein Weib, und wäre es noch so begabt [...] noch so tatkräftig, noch so opferwillig (alles ist ja vorhanden) – den weiten Gesichtskreis eines Mannes, wie Wagners, umfassen könnte. [...] Ich wollte, ich irrte mich. Viele, viele aber [...] denken wie ich."[29]

---

[28] Karbaum (1976), Teil 2, S.50.
[29] Zitiert nach Mayer (1978), S.56.

Seinen Eintritt ins Bayreuther Bühnengeschehen schildert Siegfried ebenso knapp wie alle anderen eigenen Leistungen. Er führt seine Tätigkeiten als Beleuchter und Dekorateur, als Regisseur und als Verantwortlicher für die gesamten Inszenierungen bis zu den Festspielen 1914 an, mit deren Abbruch die überblicksartigen Schilderungen schließen. Er erwähnt seine musikalische Assistenz im Jahr 1892 und endlich seine Premiere als Dirigent der Festspiele 1896.

Ein Lob des Publikums, das ja mit den *Erinnerungen* ganz besonders angesprochen werden sollte, beschließt den Bayreuth-Abschnitt. Wem sich der treue Monarchist Siegfried aber nach der Erwähnung der Ärzte, Juristen, Großindustriellen, Kaufmannschaft und Künstler besonders verbunden fühlt, steht am Ende der Aufzählung: „Den Fürsten, die so uneigennützig für die deutsche Kunst gewirkt haben, sei hier ein besonderer Dank ausgesprochen" (S.87).

Mit einem Hinweis auf die Schriften über ihn selbst schließt Siegfried ganz uneitel seine *Erinnerungen*, nicht ohne eine humoristische Coda seine Person betreffend anzuschließen und allen, die ihn zur tragischen Figur stempeln wollen, zuzurufen: „Ich freue mich täglich" (S.88).

Die Ostasienreise

Die Tagebuchaufzeichnungen, die Siegfried in seine *Erinnerungen* eingearbeitet hat, stammen aus dem *Reisetagebuch*, das er während seiner Ostasienfahrt führte und das Winifred als Privatdruck herausgab, „den Freunden Siegfrieds zu Weihnachten 1935 gewidmet".[30] Für die *Erinnerungen* hat Siegfried nur einige Eintragungen übernommen, diese meist gekürzt und einige nationalistische Untertöne gestrichen.

Reisebegleiter Siegfrieds war sein englischer Freund Clement Harris, ein Musikstudent, der am Frankfurter Konservatorium studierte und von der greisen Clara Schumann Klavierunterricht erhielt. Siegfried lernte Harris im Hause Eduard Speyers kennen und fühlte sich von Anfang an zu diesem

[30] Wagner, S. [1935], o.S.

hingezogen. Harris' Vater leitete die Reederei Harris & Dixon, der auch das Schiff gehörte, mit dem die beiden jungen Leute reisten.[31]

Mitte Januar brach Siegfried von Karlsruhe auf und reiste über Paris nach London, wo die Reise beginnen sollte. Ein paar Tage vor dem eigentlichen Beginn der Fahrt sind beide übrigens noch Gäste des englischen Schriftstellers und Dandys Oscar Wilde, mit dem Harris und Siegfried die Vorliebe für das männliche Geschlecht teilen. Die Reise führt dann von London nach Gibraltar, jedoch nicht – wie Siegfried schreibt – mit der „Wakefield", sondern zuerst mit einem Schiff namens „Shannon", da erstere noch beladen werden musste, und so ist dann der erste Teil (11.-22.Februar) der Tagebuchaufzeichnungen (insgesamt sind es sieben) überschrieben: *Von der Abreise von London bis zum Besteigen der „Wakefield"*. In die *Erinnerungen* übernimmt Siegfried nur die Aufzeichnungen der Tage in Gibraltar, Malaga und Granada.

Von dort führt die Reise auf einer der Haupt-Seeverbindungen des Britischen Empires nach Singapur (22.Februar - 26.März). Diesen zweiten Teil des Tagebuchs berücksichtigt Siegfried in den *Erinnerungen* nicht. Zu wenig Erzählenswertes geschieht auf der Fahrt, die von Gibraltar durch das Mittelmeer nach Port Said führt. Dort durchquert das Schiff den Suez-Kanal und anschließend das Rote Meer, den Golf von Aden und den Indischen Ozean. An den Sokotra-Inseln führt der Weg vorbei nach Ceylon, dem heutigen Sri Lanka. Durch die Malaccastraße gelangt das Schiff dann zum ersten größeren Aufenthalt nach Singapur. Dass die Seereise gleichzeitig eine Bildungsreise ist, dafür haben die beiden Freunde gesorgt und eine umfangreiche Bordbibliothek angelegt. Siegfried liest hier sowohl die typisch bildungsbürgerliche Literatur des 19.Jahrhunderts (Schiller, Goethe, Shakespeare) als auch besonders Bayreuth-taugliche Werke, schließlich muss er sich auf die Aufgaben eines Festspielleiters vorbereiten: Da sind zuerst einmal die *Gesammelten Schriften* des Vaters, die Siegfried ausführlich studiert. Er beginnt mit späten Arbeiten wie *Staat und Religion*, den *Erinnerungen an Ludwig Schnorr von Carolsfeld*, dem *Brief an Hector Berlioz*. Es folgt u.a. die Novelle *Eine Pilgerfahrt zu Beethoven*, die Wagner in seiner Pariser Zeit 1840/41 geschrieben hatte. Schließlich liest er die wichtigste Schrift seines Vaters *Oper und Drama* und schreibt gleichzeitig ein eigenes Stück. Außerdem befinden sich in der Bibliothek Schriften von Darwin und Gobineau sowie Cosimas <Hauszeitung>, die von Hans von

[31] Zur Biographie von Clement Harris vgl. Zottos (2003), S.217ff.

Wolzogen herausgegebenen *Bayreuther Blätter*. Nebenbei zeichnet Siegfried noch und spielt abends mit den Offizieren Karten.

Im dritten Teil des *Reisetagebuchs* beschreibt Siegfried die Aufenthalte in Singapur (26.März - 5.April) und Saigon (9.-11.April). In die *Erinnerungen* übernimmt er nur einige Eintragungen aus Singapur, da der Abstecher nach Saigon beiden Reisenden zunehmend missfällt:

> „Je mehr wir uns der Stadt näherten, merkten wir, dass es etwas nüchtern wurde [...]. Als der Capitän meldete, dass das Schiff hier 10 Tage bleiben muss, bekam ich zuerst einen Höllenschrecken; denn der Stumpfsinn dieses Ortes ist unerträglich [...]. Unsere Hoffnung, Saigon wenigstens abends belebt u. vielleicht amüsant zu sehen, wurde vollständig vernichtet, als wir in die Hauptstrasse kamen und nur hie u. da ein Café erleuchtet sahen. Mein Hass gegen Saigon war nun auf dem Gipfel und wir machten, dass wir wieder heimfuhren, [...].“[32]

Siegfried und Clement beschlossen also, nicht auf die „Wakefield“ zu warten, sondern mit einem anderen Schiff, der „Benalder“, nach Hongkong vorauszufahren.

Der Besuch in Singapur begeistert die Freunde. Man „promeniert“ am Hafen entlang, „bummelt“ durch die Straßen der Stadt, besucht chinesische Theateraufführungen, bewundert die Vegetation und macht Ausflüge in nahgelegene Fischerdörfer. Die Eigenart des chinesischen Theaters bleibt den beiden fremd. Siegfried misst mit europäischen Maßstäben und unter dem Eindruck der Lektüre Gobineaus. Sowohl das Straßentheater („elendes Radauorchester“, „scheußliche Maske“, „blöde Tanzgebärden“) als auch die Aufführung in einem festen Theatergebäude beurteilt Siegfried mit abschätzigem Unverständnis und rassentheoretischer Färbung:

> „Ich kann mir die Verachtung wohl vorstellen, die die Inder und Perser gegen die Chinesen haben müssen. Es ist wirklich greulich, diese Spielerei, und es ist interessant, die Zuschauenden zu beobachten, wie sie mit offenem Munde stumpf hinstarren [...]“ (S.40).

Ein musikalisches Erlebnis sollte für Siegfried Bedeutung erlangen, das wohl einen Entschluss festigte, der sich schon länger anzubahnen schien. Im *Reisetagebuch* vermerkt er unter dem Datum „Montag, 4.April“:

> „Als wir nachmittags einen kleinen Gang machten, da hörten wir plötzlich, mitten im Gewirr der schreienden Verkäufer, der rollenden Wagen, pfeifenden Schiffe, aus einem grossen öffentlichen Haus einen Chor aus der Johannes-Passion! Wie Eis rann es mir durch die Glieder, wir standen wie gebannt und trauten unsren Sinnen nicht; doch es war richtig, denn als wir näher gingen, merkten wir, dass da oben eine Probe

[32] Wagner, S. [1935], S.90ff.

> abgehalten wurde für Ostern oder Charfreitag vielmehr. Es war einer der Choräle, welche ich von Kniese gehört hatte, doch mir fielen nicht die Worte dazu ein. Der Eindruck war auf uns beide so überwältigend, die Urklänge der Religion, der felsenfeste bewusste Glaube Bach's drangen so unmittelbar, so beseeligend und alles andere verschwinden lassend in uns, dass wir uns gestehen mussten, nie von diesem Genie einen gleich' gewaltigen Eindruck gehabt zu haben."[33]

Dieses Erlebnis datiert Siegfried in den *Erinnerungen* um und verschiebt es um einen Tag, vom Montag auf den zweiten Sonntag vor Ostern (Judika). Das wäre weiter nicht von Interesse, wenn nicht eine wichtige Entscheidung am Karsamstag (16.April) gefallen wäre, als nämlich Siegfried „den Entschluß [faßte], der Architektur Valet zu sagen und [sich] ganz der Musik zu widmen" (S.28). Die Vorverlegung des Datums und der österliche Entschluss gemahnen doch auffällig an ein ähnliches Inspirationserlebnis:

An einem Aprilmorgen des Jahres 1857 sitzt ein Komponist auf der Zinne seines neuen Häuschens, um sich der lang ersehnten, verheißungsvollen Stille zu erfreuen. Von dieser erfüllt, bemerkt er plötzlich, dass ja heute Karfreitag (!) sei. Er wird sich des sakralen Sinngehalts dieses Tages bewusst und erinnert sich, dass dieses Datum im Zusammenhang mit der Lektüre eines Epos, das er vor über zehn Jahren einmal gelesen hat, von Bedeutung war. In seiner Autobiographie führt der Komponist dann aus:

> „Jetzt trat sein [gemeint ist das Epos] idealer Gehalt in überwältigender Form an mich heran, und von dem Karfreitags-Gedanken aus konzipierte ich schnell ein ganzes Drama, welches ich, in drei Akte geteilt, sofort mit wenigen Zügen flüchtig skizzierte."[34]

Der Komponist ist Richard Wagner, das Drama sein späteres Bühnenweihfestspiel und das mittelalterliche Epos Wolfram von Eschenbachs *Parzival.* Wie Wagner später selbst eingestand, war „alles an den Haaren herbeigezogen", denn es war gar kein Karfreitag, ihm war nur eben die Stimmung danach. Diese Inspirationslegende, welche die Künstlichkeit und Bewusstheit des Schaffensprozesses verschleiern soll – Wagner setzt solche Inspirationsmythen noch öfters ein –, besitzt nun eine gewisse Ähnlichkeit mit Siegfrieds Entscheidung, die dieser nach „einer stürmische[n] Nacht" fällt. Der Kampf der Elemente entspricht dem Zwiespalt in der Person Siegfrieds. Die Vorverlegung des auslösenden Hörerlebnisses, der Entschluss, den Siegfried erst am Tag der Auferstehung Christi dem Tagebuch anvertraut, den er aber

---

[33] Wagner, S. [1935], S.85.
[34] Wagner, R. (1994), S.561.

schon am Tag vorher gefasst haben will, das alles dient einer gewissen Sakralisierung.[35]

Siegfried war Mitte April in Hongkong angekommen und berichtet im vierten Teil des *Reisetagebuchs* (16.-29.April) über den dortigen Aufenthalt sowie die Besuche in Kanton und Macao. In diesem Abschnitt, der in den *Erinnerungen* den größten Raum einnimmt, erzählt er ausführlich von den Stadtrundgängen in Hongkong und Kanton und beschreibt detail- und kenntnisreich die chinesischen Tempelanlagen. Beim Besuch der Seidenspinnerei verweist er auf kompetentere Schilderungen der dortigen Tätigkeitsbereiche: die entsprechenden Ausführungen in Goethes *Wilhelm Meisters Wanderjahre[n]*.[36] Der Architekt im zukünftigen Komponisten und Dirigenten scheint bei den Schilderungen der Tempelgebäude unwillkürlich durch; Aquarelle malt er die ganze Reise über. Den zweitägigen Besuch der portugiesischen Kolonie Macao streicht Siegfried in den *Erinnerungen*. Was soll man auch berichten von „öden und leeren Straßen", „halbverfallenen Klöstern" und „ungepflegten Gärten"? Einen dieser Gärten, einen „prachtvollen", besichtigen sie dennoch. Er gehört zu der Villa, in welcher Portugals Nationaldichter Camões während seiner Zeit als Nachlaßverwalter lebte. Im Angesicht einer Büste des Dichters der *Lusiaden* ruhen die Freunde ein wenig aus.

Zurück in Hongkong wurden Clement und Siegfried wieder von der „Wakefield" aufgenommen, mit der sie den letzten Abschnitt der Reise zurücklegten. 14 Tage (3. bis 17.Mai) dauerte der Aufenthalt auf den Philippinen, wovon Siegfried in den *Erinnerungen* nur über die Zeit vom 10. bis zum 12.Mai berichtet. Er lobt die üppige Flora der Inseln, schildert das Naturschauspiel der Stromschnellen von Pagsanyan und berichtet von den Versuchen der philippinischen Hauswirtin, die beiden Freunde zu bezirzen, vergeblich natürlich. Nicht ohne Humor schreibt Siegfried im Tagebuch:

> „Da – auf einmal – erklang im Neben-Zimmer eine Harfe! Es war Feliça: dies war ihre letzte Kunst, uns zu bezaubern: erst stimmte sie, dann legte sie los, mit grossem Geschicke, einen Walzer, Polka u. Marsch nach dem anderen. Wir applaudierten von unsren Betten aus! Doch schien sie enttäuscht darüber. Sie hatte versungen, verthan;

[35] Dass Siegfried unmittelbar nach dem Bericht vom üppigen Frühstück schwärmt und seinen „Mordsappetit" rühmt, ist vielleicht eine Art Augenzwinkern, ein Hinweis darauf, alles nicht wirklich ernst zu nehmen.

[36] Vgl. Goethe (1989), Bd.8, S.341ff. Siegfried meint hier die Auszüge aus Leonardos Tagebuch, die in das fünfte Kapitel des dritten Buches eingefügt sind.

wir 2 waren unbeweglich als echte ‚Oh's'. – Die Harfe ward still – Feliça verschwand; wir schliefen ein! –"[37]

Hätte die Philippinin von der homosexuellen Veranlagung der beiden Freunde gewusst, sie hätte sich die Verführungszeremonie sparen können. Der Zimmerpreis für diese eine Übernachtung ist am nächsten Tag dann entsprechend hoch und Siegfried wieder einmal überzeugt, dass sowohl Spanier als auch Philippinos allesamt „Lumpenbagage" sind. Am 16.Mai ist man zurück in Iloilo und von dort beginnt die Heimreise.

Den letzten Teil des Tagebuchs, *Die Heimreise,* hat Siegfried nicht in die *Erinnerungen* übernommen. Im Unterschied zu den vorangegangenen Tagen fasst er hier die Fahrt in größeren Abschnitten zusammen. Von Iloilo führt die Route über Singapur nach Ceylon. Auf dem Weg dorthin hatte Siegfried den Entschluss gefasst, die „Wakefield" in Colombo zu verlassen und mit einem schnelleren Boot weiterzureisen, um rechtzeitig bei den Proben in Bayreuth sein zu können. Dieses Vorhaben scheitert jedoch an ungünstigen Schiffsfahrplänen. Durch den Golf von Aden und das Rote Meer fährt die „Wakefield" auf gleicher Strecke zurück. Auffällig erscheint, dass Siegfried auf der ganzen Rückreise von keiner einzigen Lektüre, keiner Komposition und keiner Zeichnung berichtet. Hatte er auf den Philippinen noch den *Tannhäuser*-Klavierauszug studiert, auf der Hinreise jedes Buch zumindest erwähnt, scheinen ihm jetzt die schnelle Rückkehr und der Arbeitsbeginn in Bayreuth das einzig Wichtige zu sein. In Port Said verlässt er am 26.Juni die „Wakefield", nimmt Abschied von Clement, der mit dem Schiff seines Vaters noch bis Gibraltar reisen wird, und fährt auf der „Oruba", einem englischen Orientschiff, nach Neapel. Am 30.Juni gibt er folgendes Telegramm auf: „Arrivato, parto adesso. Wagner."[38] Die Strecke Süditalien - Oberfranken legt er mit dem Zug zurück und trifft Anfang Juli in Bayreuth ein. Die Proben sind bereits in vollem Gang.

---

[37] Wagner, S. [1935], S.222. In den *Erinnerungen* ersetzt Siegfried „Oh's" durch „standhafte Prinzen".

[38] Zitiert nach Kraft (1969), S.69.

Die Personendarstellung in den *Erinnerungen*

Auch die Auswahl der Personen, die in den *Erinnerungen* erwähnt werden, trifft Siegfried fast ausschließlich im Hinblick auf die Adressaten. Clement Harris ist der einzige Freund, der jedoch nur im Rahmen der Reise auftritt. Schulfreunde werden nicht genannt, nur der Rektor Georg Großmann wird liebenswert porträtiert, da seine Schwerhörigkeit Anlass zu jugendlichen Streichen bietet. Studienfreunde oder Professoren finden keinen Eingang in die *Erinnerungen*. Der Vater und der Großvater, der Erzieher Heinrich von Stein und die mütterliche Freundin Malwida von Meysenbug, ansonsten ausschließlich verdiente Mitarbeiter der Festspiele erhalten ein meist anekdotisch gefärbtes Porträt. Die Leistungen der Mutter, die ja 1923 noch in Wahnfried dahindämmerte, werden besonders gewürdigt.

Auf den ersten Seiten der *Erinnerungen* zeichnet Siegfried ein harmonisch gefärbtes Bild der Familie. Die Schilderungen der Bildungs- und Erholungsreisen nach Italien bilden den Rahmen für Kurzporträts der Freunde, die den Wagners Besuche abstatteten oder zeitweise bei ihnen wohnten. Dazwischen werden immer wieder Familienidyllen eingeflochten. Die Aufenthalte Liszts verliefen jedoch nicht durchweg so einträchtig, wie Siegfried sie in Erinnerung behalten hat. Ende November 1882 kam es sogar zu einem Streit der Eheleute, da Cosima ihren Vater heftig verteidigte. Am 5.Januar 1883 schreibt sie in ihr Tagebuch: „Am Morgen ist er [Richard] immer erregt gegen meinen Vater." Einen Tag später liest man: „Die Art und Weise meines Vaters kränkt ihn, [...]."[39] Die Presse berichtete sogar darüber, dass die Wagners im venezianischen Palazzo Vendramin eine „somtuose möblierte 1te Etage" bewohnten, während Liszt mit einem „bescheidenst eingerichteten Mezzanin" Vorlieb nehmen musste. Das freundschaftliche Verhältnis der beiden Komponisten war seit der Beziehung Wagners zu Cosima gespannt, auch wenn sich die beiden nach der Hochzeit wieder versöhnten. Seiner Tochter verzieh Liszt das Hans von Bülow Angetane nie

[39] Wagner, C. (1977), Bd.2, S.1086.

wirklich. Eva Wagner hat die oben zitierten Stellen im Tagebuch der Mutter mit Tinte unkenntlich gemacht: Harmonisierungstendenzen also auch hier.[40]

Die Beziehung der Eheleute zueinander war gerade am Todestag Wagners durch einen Zwischenfall gestört, der sich am Morgen ereignet hatte. Beim Frühstück stritt man sich wahrscheinlich über den Besuch einer jungen Dame, Carrie Pringle: eines der Blumenmädchen im *Parsifal* und offenbar Wagners kurzzeitiger Altersschwarm. Als Cosima Schuberts *Lob der Tränen* auf dem Klavier spielte, war das weniger eine Vorahnung von Richards Tod – wie die Darstellung Siegfrieds suggeriert –, sondern einfach Ausdruck ihrer Stimmung oder eine Art musikalischer Entschuldigung.

Dass er die Leistungen sowohl der Mutter als auch des Vaters uneingeschränkt positiv beurteilt, muss nicht begründet werden. Cosima lebte 1923 noch und in der Weiterführung der <Bayreuther Sache> bestand die Lebensaufgabe Siegfrieds, dafür warb er ja mit seinen *Erinnerungen*.

Eine Art mütterliche Freundin war Malwida von Meysenbug, die spätestens seit dem *Tannhäuser*-Skandal von 1861 zum engen Freundeskreis der Wagners gehörte. Sie begleitete Wagner zur ersten Orchesterprobe und hielt auch noch nach der dritten und letzten Aufführung zu ihm. Er forderte sie mehrmals auf, nach Bayreuth zu ziehen, das raue oberfränkische Klima behagte ihr jedoch nicht und sie ließ sich in Italien nieder. Malwida scheint eine der wenigen Personen gewesen zu sein, mit denen Wagner Kontakt hielt, obwohl sie bei religiösen oder politischen Themen andere Ansichten vertrat. Siegfried gibt vor, sich an einen Streit zu erinnern, den der Vater mit Malwida bei ihrem Aufenthalt in Neapel im Jahr 1880 hatte. Es muss um die italienische Einigungsbewegung gegangen sein und Wagner soll die Position Cavours vertreten haben, während Malwida die Haltung Mazzinis einnahm, was nicht verwundert, da sie eine seiner Vertrauten war. Ob Wagner wirklich die auf die Zusammenarbeit von Krone und Nationalbewegung gestützte Einigung Italiens à la Cavour bevorzugte und die radikaldemokratische Richtung Mazzinis ablehnte? Ein Brief an August Röckel scheint Siegfried jedoch recht zu geben, denn da schreibt Wagner im Jahr 1866: „Um Gottes Willen, lassen wir Beide die Politik. Seit du gefangen wurdest in Dresden,

[40] Siegfried sichert sich nicht nur bei der Charakterisierung Liszts mit dem Verweis auf Autoritäten ab: Im Falle des Großvaters greift er auf eine Publikation seiner Mutter zurück. Im Falle des Vaters verweist er auf Glasenapps „monumentale Biographie“. Carl Friedrich Glasenapp war der erste Biograph Richard Wagners. Sein sechsbändiges Werk erschien in den Jahren 1894-1911 und lehnt sich nicht nur inhaltlich stark an Wagners Autobiographie an.

haben sie drei Menschen verstanden – Cavour – à la tête – dann: L[ouis]. N[apoleon]. u. Bismarck. Von denen lernt!"[41] Nun hat die Begeisterung für Bismarck nicht lange gehalten. Wagner distanzierte sich in späteren Jahren deutlich von Reichskanzler und Kaiserreich und näherte sich den radikalpolitischen Ansichten der vierziger und fünfziger Jahre wieder an. Wagners Versuche der Relativierung seines politischen Engagements von 1848/49 in den sechziger und siebziger Jahren, Ludwigs II. wegen, werden von Siegfried in den zwanziger Jahren anscheinend wiederaufgenommen, da er die alten zahlungskräftigen Eliten des Kaiserreichs – mit denen der Sohn ja offen sympathisierte – für die Sache des Vaters gewinnen wollte. Malwida übrigens verschweigt in ihren *Memoiren einer Idealistin* die von Wagner erfahrenen Kränkungen. Dass er ihre Bücher nicht las, sich über ihre sozialistischen Ideen mokierte, erzählte sie später dem jungen Romain Rolland.[42]

Malwida jedenfalls las mit Siegfried die griechischen Klassiker und lobte die Libretti seiner ersten beiden Opern. In den neunziger Jahren organisierte sie überdies Siegfrieds erstes Konzert in Rom, das ein voller Erfolg wurde. Grund genug, der 1903 Verstorbenen einen gebührenden Platz in den *Erinnerungen* einzuräumen.

Aus dem Kreis seiner Erzieher ist einzig Heinrich von Stein, der von 1879 an Siegfrieds Hauslehrer war, eine Erwähnung wert. Da Stein ab 1880 auch noch eine Anstellung als Privatdozent in Halle an der Saale hatte, konnte er nicht mehr regelmäßig in Wahnfried unterrichten, begleitete die Familie aber auf ihren Reisen nach Italien. Ein vorläufiger Nachfolger, der musikalische Assistent der *Parsifal*-Uraufführung, Erich Hausburg, wird in den *Erinnerungen* ebenso übergangen wie der Bayreuther Lateinlehrer Toussaint. Nicht nur war Stein diesen beiden intellektuell überlegen, er erwarb sich auch dadurch Verdienste, dass er schon in Halle wissenschaftliche Veranstaltungen über Wagners Werke abhielt.[43] Geadelt werden seine Leistungen dadurch, dass des <Meisters> letzte vollendete Schrift, der *Brief an H.v.Stein*, als Einleitung zu dessen Buch *Helden und Welt* vorgesehen war. Siegfried rühmt zwar den Bekanntheitsgrad seines alten Lehrers über die Grenzen Deutschlands hinaus, weiß jedoch nicht mehr, dass dieser Wahnfried

[41] Wagner – Ludwig II. (1936), Bd.4, S.154.
[42] Vgl. Wiggershaus (1985), S.28f.
[43] Gemeinsam mit Carl Friedrich Glasenapp ist Stein auch der Herausgeber eines *Wagner-Lexikons*.

verließ, um sich in Halle zu habilitieren. Siegfried schreibt „Berlin", dahin ging Stein aber erst 1884.

Mehr oder weniger zur Familie gehörte auch Adolf von Groß.[44] Der Schwiegersohn des Bankiers Friedrich Feustel, der 1871 Wagners Interesse an einem Grundstück für sein zu bauendes Festspielhaus im Bayreuther Gemeinderat vertrat, war wie sein Schwiegervater Mitglied des Verwaltungsrates der Festspiele. Für die Jahre nach Wagners Tod sollte er Cosimas wichtigster Berater werden, dem sie in rechtlichen und finanziellen Fragen blind vertraute und der sie grenzenlos verehrte. Sein Einfluss reichte in die künstlerisch-organisatorischen Belange hinein und Siegfrieds Feststellung, dass die Mutter für das Künstlerische, Groß aber für das „Mühselige, Widerwärtige, Dumme" zuständig sei, kann derart kategorisch nicht gelten. So bestimmte Groß, dass die Festspiele nur alle zwei Jahre stattfinden sollten, um die Kartennachfrage entsprechend hoch zu halten, und entschied sich 1886 aus Kostengründen gegen eine Neuinszenierung des *Tannhäuser*. Stattdessen gab es einen neuen *Tristan*, weil man für dieses Stück weniger Sänger und einfachere Bühnenbilder benötigt.

Zum ersten Mal wurde in Bayreuth unter ökonomischen Gesichtspunkten gewirtschaftet. Der studierte Jurist übernahm die Vormundschaft für die Kinder und kümmerte sich um Erbschaftsangelegenheiten. Wagner hatte kein Testament hinterlassen, sodass Groß – von Cosima autorisiert – die Erbfolge festlegen musste und am 19.3.1883 zufrieden berichten kann: „Die Verlassenschafts Regulierung ist nun beendet, die Schlussverhandlung wird nächster Tage stattfinden; von den Kindern wurde nur Siegfried als Miterbe anerkannt."[45] Mühselig und widerwärtig waren andere Arbeiten, die Groß zu bewältigen hatte. Im unsäglichen Beidler-Prozess 1914 vertrat er die Position Wahnfrieds. Isolde, die erste Tochter Cosimas und Richards, klagte auf Anerkennung der Vaterschaft des Komponisten. Da sie aber einen Sohn hatte, der dann automatisch erbberechtigt gewesen wäre, verweigerte die Mutter die öffentliche Anerkennung. Groß kämpfte hier wider besseres Wissen für Cosima und seine <Bayreuther Sache>. Dass Isoldes Ehemann, Franz Beidler, als Dirigent in Konkurrenz zu Siegfried stand, mag keine unbedeutende Rolle gespielt haben. Der Sohn jedenfalls verhinderte die Versöhnung von Mutter

[44] Zum folgenden vgl. Karbaum (1976), Teil 1, S.39ff.
[45] Karbaum (1976), Teil 2, S.32.

und Tochter.[46] Gerüchte um Siegfrieds homoerotische Neigungen mussten über all die Jahre vertuscht werden und verstummten wohl erst mit der Geburt seiner vier Kinder, die in schöner Beständigkeit zur Welt kamen: 1917, 1918, 1919 und 1920.[47]

Adolf von Groß blieb auch nach Cosimas Rückzug bis 1914 alleiniger Geschäftsführer der Festspiele und erst in den zwanziger Jahren schwand sein Einfluss, wie einem Brief an Siegfried vom 8.2.1924 zu entnehmen ist:

> „Über fünfzig Jahre bin ich nun für Eure Interessen nach allen Richtungen eingetreten und ich darf mir wohl sagen nicht ohne Erfolg. Bis vor ungefähr zwei Jahren, als Du, *ohne mich aber irgendwie zu verständigen*, mit Deiner Gattin anfingst, selbst in geschäftliche Dinge einzugreifen, war ich in der Lage [...] Rechenschaft abzulegen durch Vorlage von Jahresrechnungen [...], deren Einnahme- und Ausgabeposten durch Belege ausgewiesen waren."[48]

Der Brief schließt mit der dringenden Bitte, die geplante Wiedereröffnung der Festspiele im Jahr 1924 aus wirtschaftlichen Aspekten noch einmal zu überdenken. Da Groß mit dem Bayreuther Führungsstil nicht mehr einverstanden war, zog er sich im Jahr 1924 von der geschäftlichen Leitung zurück. Wären die *Erinnerungen* nach 1924 geschrieben worden, die Würdigung seiner Person wäre wohl weniger positiv ausgefallen.

Die Festspiele wurden in den ersten Jahren von einem Triumvirat musikalisch geprägt, das, glaubt man Cosimas Biographen Du Moulin Eckart, nicht die Intentionen des <Meisters> – so wie Cosima diese verstand – verwirklichte. Wahnfrieds Hofhistoriograph schreibt über die drei Dirigenten: „Von einem vollen Verständnis für ihre Absichten war bei keinem die Rede: Weder bei Richter noch bei Levi und, was ihr im höchsten Grade schmerzlich war, auch nicht bei Mottl."[49] Diese Aussage verwundert etwas, denn gerade Felix Mottl wurde von anderer Seite immer wieder der Vorwurf gemacht, sich Cosimas Vorstellungen und Wünschen anzupassen.[50] Mottl war schon 1876 Korrepetitor beim ersten Bayreuther *Ring* und zählte zeitweise zur sogenannten Nibelungen-Kanzlei, einem Kreis musikalischer Assistenten

---

[46] Zum Prozess gegen Isolde Wagner vgl. Borchmeyer (1997), S.367ff. Der Essay ist auch abgedruckt in: Borchmeyer (2002), S.523ff.

[47] Die Gerüchte um einen unehelichen Sohn Siegfrieds, den er mit einer Bayreuther Pfarrersgattin gezeugt haben und der als Korrepetitor und musikalischer Assistent im Team der Festspiele untergebracht worden sein sollte, hat erst Brigitte Hamann widerlegen können: Hamann (2002), S.650f., Anmerkung 2.

[48] Karbaum (1976), Teil 2, S.41.

[49] Du Moulin Eckart (1931), Bd.2, S.316.

[50] Zum folgenden vgl. Voss (1976), S.25ff.

Wagners, die Partitur-Reinschriften vorbereiteten, Abschriften herstellten, Probenvorbereitungen übernahmen, dem <Meister> also die alltägliche Kleinarbeit abnahmen. Mottl entsprach besonders mit seinen Tempovorstellungen Cosimas Ansichten und als ihr Lieblingsdirigent erhielt er fast alle wichtigen Premieren bis 1901: *Tristan* 1886, *Tannhäuser* 1891, *Lohengrin* 1894 und den *Fliegenden Holländer* 1901. Zum Bruch kam es im Jahr 1903, als Mottl in New York und München dirigierte. Beide Städte zogen sich Cosimas Ungunst zu, da in New York der für Bayreuth reservierte *Parsifal* aufgeführt wurde und in München mit dem dortigen Prinzregententheater ein Gegen-Bayreuth entstanden war. Nur 1906 kehrte Mottl noch einmal für die *Tristan*-Vorstellungen auf den Grünen Hügel zurück.

Der Älteste des Triumvirats war Hermann Levi, Uraufführungsdirigent des *Parsifal* und Jude, beides war problematisch.[51] Siegfried zeichnet in den *Erinnerungen* ein zwiespältiges, rassentheoretisch gefärbtes Porträt. Levi wurde zwar von Wagner auserkoren, die Uraufführung des *Parsifal* zu leiten, war aber unaufhörlichen Angriffen auch von anderen ausgesetzt, die in der Forderung des <Meisters> gipfelten, er solle sich christlich taufen lassen. Ein Jahr vor der Premiere trat Levi als Dirigent zurück, konnte jedoch von Wagner wieder überredet werden zurückzukehren. Als „eigenartig" bezeichnet auch Siegfried das Verhältnis seines Vaters zu Levi, macht aber dessen „Kundrynatur" dafür verantwortlich. Er verweist auf einen Nachruf Houston Stewart Chamberlains, der darin den Konflikt in Levis Natur prägnant dargestellt habe. Siegfried meint dessen Einführung zur Edition der Briefe Wagners an Levi, die im 24.Jahrgang der *Bayreuther Blätter* abgedruckt ist. Chamberlain beschreibt hier im Sinne Wagners das Bemühen des Juden Levi, „sich deutsche Kultur als ein Eigenes, wirklich Besessenes zu assimilieren".[52] Das muss natürlich scheitern, da die Juden – wie Wagner in seiner Schrift *Das Judentum in der Musik* von 1850 behauptet – unfähig seien, Geist und Kunst des Volkes, in dem sie lebten, zu verstehen. Wagner leitet das aus der angeblichen Unfähigkeit der Juden ab, die jeweilige Nationalsprache wirklich zu erlernen.[53] Chamberlain kann sich diese Begründung sparen – er verweist nur auf Wagners Schrift –, da der Leserschaft der *Bayreuther Blätter* Wagners Schriften bestens vertraut waren. Siegfried hätte sich den Umweg

[51] Zu Levi vgl. Voss (1976), S.14ff., 20ff.
[52] Chamberlain (1901), S.14.
[53] Vgl. Wagner, R. [1914], Bd.5, S.69ff.

über Chamberlain sparen können, damit aber die Leser der *Erinnerungen* auf den Aufsatz seines Vaters erneut aufmerksam gemacht. Auch der Hinweis darauf, dass Levi „nicht durch spontanes Gefühl, sondern durch den Intellekt" (S.18) zum Wagnerianer geworden sei, leitet Siegfried aus der theoretischen Hauptschrift seines Vaters ab. Wagners dualistische Parallelisierung aus *Oper und Drama* wird hier stark vereinfacht, wenn nicht missverstanden.

Levi dirigierte aber nicht nur den *Parsifal* bis 1894, sondern zeigte auch reges Interesse an Siegfrieds architektonischen Entwürfen und setzte sich für die Aufführung des *Bärenhäuter* in München ein.

Hans Richter war schon bei den ersten Festspielen 1876 dabei. Als Wagners Schüler schien er besonders prädestiniert, den ersten kompletten *Ring*-Zyklus zu dirigieren.[54] Richter war damals ein renommierter Dirigent, der im Jahr der ersten Festspiele Kapellmeister an der Wiener Hofoper war und auch die Philharmonischen Konzerte leitete. Siegfrieds anekdotenhafte Schilderung macht jedoch auf ein Manko Richters aufmerksam, das gerade in Bayreuth zum Tragen kam. Im Gegensatz zu Hans von Bülow, so Siegfried, sei Richter „immer Musiker" (S.83) geblieben. Wagner verlangte aber nachgerade die Übereinstimmung von Musik und Handlung, d.h. dass sich die musikalische Interpretation mit der szenischen Umsetzung decken musste. Ein Dirigat, das die Bühnenhandlung missachtet, das Stück also allein aus der Partitur heraus entwickelt, konnte nicht den Vorstellungen des <Meisters> entsprechen. Richter sparte jedoch anscheinend nicht mit Aussprüchen wie „Ach was, ich pfeif' auf die Darstellung" (S.82) oder „Wann [sic] der Vorhang aufgeht, ist meine Freude vorbei" (S.82) und machte sich dadurch Cosima nicht unbedingt gewogen. Wagner selbst hat sich, laut Cosimas Tagebuch, öfters über Richters mangelhafte Tempi geärgert, eine Alternative hat er gleichwohl nie gesehen.

Richter dirigierte bis 1912 mehrmals den *Ring* und die *Meistersinger* – ohne sich je die Aufenthaltskosten erstatten zu lassen. Dass Cosima jahrelang mit dem Gedanken spielte, Richter nicht mehr einzuladen – was sicher mit seiner Eigenständigkeit zu tun hatte –, verschweigt Siegfried natürlich. Eine Entscheidung gegen Richter wäre künstlerisch nicht zu rechtfertigen gewesen. Siegfried verschlüsselt seine Kritik aus diesem Grunde.

Was es bedeutete, aus einer weniger gefestigten Position heraus Kritik am Führungsstil Cosimas zu üben, erfuhr Anton Seidl. Als Nibelungen-

---

[54] Zum folgenden vgl. Voss (1976), S.11ff.

Kanzlist und musikalischer Assistent bei den Festspielen 1876, der überdies in Leipzig Wagner-Opern dirigierte, forderte er, 1886 mehr als vier Vorstellungen dirigieren zu dürfen. Cosima lud ihn für 1886 aus und für die folgenden Jahre nicht mehr ein. Erst 1897, als Seidl schriftlich Reue gezeigt hatte, durfte er – neben Felix Mottl, dem er sich 1886 überlegen gefühlt hatte – einige *Parsifal*-Aufführungen leiten. Siegfried erwähnt ihn sicher auch deshalb, weil er an der Metropolitan Opera dirigierte und seine symphonische Dichtung *Sehnsucht* in Amerika aufführte.

Josef Rubinstein gehörte ebenso wie Anton Seidl zur Nibelungen-Kanzlei, dirigierte aber nie bei den Festspielen und erschoss sich aus Verzweiflung über Wagners Tod. Siegfried macht dafür seine „Kundrynatur" – Rubinstein war Jude – verantwortlich und beschränkt sich auf Anekdotisches.

Der Komponist Engelbert Humperdinck war nicht nur von 1882-1894 musikalischer Assistent der Festspiele, sondern auch Siegfrieds Kompositionslehrer in Frankfurt. Dieser lobt zwar auch sein Können, beschränkt sich in den *Erinnerungen* jedoch auf die Darstellung einiger liebenswerter Schrulligkeiten Humperdincks. Von ihm übernahm Siegfried die Idee, eine Oper nach zwei Märchen der Gebrüder Grimm zu schreiben: *Der Bärenhäuter* und *Des Teufels rußiger Bruder*. Als Humperdinck das Vorhaben aufgab, begann Siegfried mit der Dichtung seines *Bärenhäuter*. Bei seinem Debüt als Dirigent außerhalb Bayreuths setzte er neben den Werken seines Vaters und Großvaters auch Humperdincks Traumpantomime aus *Hänsel und Gretel* auf das Programm. All das fehlt in den *Erinnerungen*, aber von Siegfried sollte darin ja auch nicht die Rede sein.

Wer fehlt? Richard Strauss, Dirigent und Komponist wie Siegfried und dessen Duz-Freund. Fast wäre Strauss sogar sein Schwager geworden, denn Cosima hätte ihn gern als Gatten ihrer Tochter Eva gesehen. Strauss dirigierte 1894 den *Tannhäuser*, dann erst wieder 1933 den *Parsifal*. Siegfried neidete dem Älteren den Erfolg als Komponist und verstand Strauss' Kompositionen nicht wirklich: „Salome, Elektra und der jämmerliche Rosenkavalier können unmöglich etwas anderes sein als Augenblickssensationen, Momenterfolge, Eintagsfliegen."[55] Andere Komponistenkollegen werden ebenso ausgelassen.

[55] Zitiert nach Pachl (1988), S.240. Dieses in seiner Authentizität umstrittene Werturteil, das Siegfried angeblich 1911 in einem Interview gefällt haben soll, dementierte er mehrfach, musste dabei jedoch zugeben, dass er keines der genannten Werke bisher gehört habe.

Gustav Mahler, Komponist und Wiener Hofoperndirektor, schrieb zwar bereits 1896 Lobendes über Siegfrieds Bayreuther *Ring*, dirigierte auch die Uraufführung des *Bärenhäuter* in Wien, kürzte aber einige Stellen, was Cosima dem Juden Mahler übel nahm. Alexander von Zemlinsky leitet 1905 die Premiere des *Bruder Lustig* an der heutigen Wiener Volksoper; in Karlsruhe freundet sich Siegfried mit Max Reger an. Aber die <Bayreuther Sache> und die mit ihr verbundenen Personen sollten ja im Vordergrund stehen.

Wohlwissend, an wen sich die *Erinnerungen* richteten, hat Siegfried hier die nationalistisch-chauvinistischen und besonders die antisemitischen Eintragungen des *Reisetagebuchs* gestrichen.[56] Die Lektüre von Darwins *The descent of man, and selection in relation to sex*, Gobineaus *Les religions et philosophies dans l'Asie centrale* und die *Bayreuther Blätter* Hans von Wolzogens auch die Bekanntschaft mit Chamberlain erklären das rassentheoretische Gemisch im *Reisetagebuch*, machen es aber nicht erträglicher. Die *Erinnerungen* sind in diesem Punkt entschieden maßvoller.

---

[56] Zu den vorgenommenen Streichungen vgl. Renckhoff (2003), S.214f.

Nachweis der zitierten Literatur

Quellen:

Bahr-Mildenburg, Anna / Bahr, Hermann: Bayreuth, Leipzig 1912

Bahr-Mildenburg, Anna: Erinnerungen, Wien / Berlin 1921

Chamberlain, Houston Stewart: Richard Wagners Briefe an Hermann Levi. Zur Einführung, in: Bayreuther Blätter 24 (1901), S.13-17

Goethe, Johann Wolfgang: Werke, Kommentare und Register. Hamburger Ausgabe in 14 Bden., hrsg. von Erich Trunz, 12., durchgesehene Aufl., München 1989

Humperdinck, Eva (Hg.): Engelbert Humperdinck in seinen persönlichen Beziehungen zu Richard Wagner, Cosima Wagner, Siegfried Wagner dargestellt am Briefwechsel und anderen Aufzeichnungen, 3 Bde., Koblenz 1996ff.

Karbaum, Michael: Studien zur Geschichte der Bayreuther Festspiele (1876-1976), Teil 1: Textteil, Teil 2: Dokumente und Anmerkungen, Regensburg 1976 (= Arbeitsgemeinschaft „100 Jahre Bayreuther Festspiele", 3)

Karpath, Ludwig: Siegfried Wagner als Mensch und Künstler, Leipzig o.J. (= Moderne Musiker)

Söhnlein, Kurt: Erinnerungen an Siegfried Wagner und Bayreuth mit einem Anhang: Siegfried Wagners Briefe an Kurt Söhnlein, hrsg. und kommentiert von Peter P. Pachl, Bayreuth 1980 (= Schriftenreihe der Internationalen Siegfried-Wagner-Gesellschaft, 1)

Spemann, Adolf: Menschen und Werke. Erinnerungen eines Verlegers, München 1959

Stassen, Franz: Erinnerungen an Siegfried Wagner, hrsg. vom Bayreuther Bund, Detmold 1942

Wagner, Cosima: Die Tagebücher, 2 Bde., ediert und kommentiert von Martin Gregor-Dellin und Dietrich Mack, München 1977

Wagner, Cosima: Das zweite Leben. Briefe und Aufzeichnungen 1883-1930, hrsg. von Dietrich Mack, München / Zürich 1980

Wagner, Friedelind: Nacht über Bayreuth. Die Geschichte der Enkelin Richard Wagners. Mit einem Nachwort von Eva Weissweiler, 3.Aufl., Köln 1997

Wagner, Gottfried: Wer nicht mit dem Wolf heult, Köln 1997

Wagner, Nike: Wagner Theater, Frankfurt a.M. / Leipzig 1998

Wagner, Richard: Gesammelte Schriften und Dichtungen in 10 Bden., hrsg. von Wolfgang Golther, Berlin u.a. o.J. [1914]

[Wagner, Richard]: König Ludwig II. und Richard Wagner. Briefwechsel. Mit vielen anderen Urkunden in vier Bänden hrsg. vom Wittelsbacher Ausgleichs-Fonds und von Winifred Wagner, bearbeitet von Otto Strobel, Bd.1-4: Karlsruhe 1936, Bd.5 (Nachtragsbd.): Karlsruhe1939

Wagner, Richard: Mein Leben 1813-1868, vollständige, kommentierte Ausgabe, hrsg. von Martin Gregor-Dellin, München / Leipzig 1994

Wagner, Siegfried: Erinnerungen, Stuttgart 1923 (= Musikalische Volksbücher); 2., [unveränderte] Aufl., Stuttgart [1943/44]

Wagner, Siegfried: Meine Amerikafahrt, in: Deutsches Musikjahrbuch, Bd.2/3 (1925), S.276-278.

Wagner, Siegfried: Reisetagebuch 1892, Privatdruck, o.O. [Bayreuth] o.J. [1935]

Wagner, Wolfgang: Lebens-Akte. Autobiographie, München 1994

Forschungsliteratur:

Bauer, Hans-Joachim: Die Wagners. Macht und Geheimnis einer Theaterdynastie, Frankfurt a.M. / New York 2001

Borchmeyer, Dieter: Der verlorene Enkel. Franz Wilhelm Beidler (1901-1981). Eine (Wieder)Entdeckung. Nachwort des Herausgebers, in: Beidler, Franz W., Cosima Wagner-Liszt. Der Weg zum Wagner-Mythos. Ausgewählte Schriften des ersten Wagner-Enkels und sein unveröffentlichter Briefwechsel mit Thomas Mann, hrsg. und mit einem Nachwort versehen von Dieter Borchmeyer, Bielefeld 1997, S.361-424

Borchmeyer, Dieter: Richard Wagner. Ahasvers Wandlungen, Frankfurt a.M. 2002

Du Moulin Eckart, Richard Graf: Cosima Wagner. Ein Lebens- und Charakterbild, 2 Bde., München / Berlin 1929/31

Fischer, Jens Malte: Im Schatten Wagners. Aporien und Auswege der nachwagnerschen Opernentwicklung, in: Oper im 20.Jahrhundert. Entwicklungstendenzen und Komponisten, hrsg. von Udo Bermbach, Stuttgart / Weimar 2000, S.28-49

Friedrich, Sven: Siegfried Wagner als Festspielleiter, in: Siegfried Wagner–Kompendium. 1. Bericht über das erste internationale Symposion Siegfried Wagner. Köln 2001, hrsg. von Peter P. Pachl, Herbolzheim 2003 (= Neue Schriftenreihe der Internationalen Siegfried Wagner Gesellschaft, 1), S.264-284

Hamann, Brigitte: Winifred Wagner oder Hitlers Bayreuth, München 2002

Humperdinck, Eva: Zwei Söhne. Siegfried Wagner als Regisseur der Werke seines Vaters Richard Wagner (1904 - 1930) und sein Regie-Assistent Wolfram Humperdinck (1924 - 1925 - 1927), Koblenz 2001

Kraft, Zdenko von: Der Sohn. Siegfried Wagners Leben und Umwelt, Graz / Stuttgart 1969

Lehmann, Jürgen: Bekennen – Erzählen – Berichten. Studien zu Theorie und Geschichte der Autobiographie, Tübingen 1988 (= Studien zur deutschen Literatur, 98)

Mayer, Hans: Richard Wagner in Bayreuth 1876-1976, Stuttgart / Zürich 1978 (= suhrkamp taschenbuch, 480)

Mayer, Hans: Richard Wagner, hrsg. von Wolfgang Hofer, Frankfurt a.M. 1998

Pachl, Peter P.: Siegfried Wagner. Genie im Schatten, München 1994

Renckhoff, Dorothea: „Und die Seele ging weinend über die Sümpfe davon.“ Siegfried Wagner und das Erlebnis Oscar Wilde, in: Siegfried Wagner–Kompendium. 1. Bericht über das erste internationale Symposion Siegfried Wagner. Köln 2001, hrsg. von Peter P. Pachl, Herbolzheim 2003 (= Neue Schriftenreihe der Internationalen Siegfried Wagner Gesellschaft, 1), S.201-215

Spotts, Frederic: Bayreuth. Eine Geschichte der Wagner-Festspiele, München 1994

Voss, Egon: Die Dirigenten der Bayreuther Festspiele, Regensburg 1976 (= Arbeitsgemeinschaft „100 Jahre Bayreuther Festspiele“, 6)

Wiggershaus, Renate: Einleitung, in: Malwida von Meysenbug. Memoiren einer Idealistin, hrsg., eingeleitet und kommentiert von Renate Wiggershaus, Frankfurt a.M. 1985 (= insel taschenbuch, 824), S.1-37

Zottos, Ion: Clement Harris and the Wagner Family. Work and Life of Siegfried Wagner's Friend, in: Siegfried Wagner–Kompendium. 1. Bericht über das erste internationale Symposion Siegfried Wagner. Köln 2001, hrsg. von Peter P. Pachl, Herbolzheim 2003 (= Neue Schriftenreihe der Internationalen Siegfried Wagner Gesellschaft, 1), S.217-229

Personenregister

Peter Lang · Europäischer Verlag der Wissenschaften

Almut Runge-Woll

Die Komponistin Emilie Mayer (1812–1883)

Studien zu Leben und Werk

Frankfurt am Main, Berlin, Bern, Bruxelles, New York, Oxford, Wien, 2003.
X, 336 S., 3 Abb., zahlr. Notenbeispiele
Europäische Hochschulschriften: Reihe 36, Musikwissenschaft. Bd. 234
ISBN 3-631-51220-1 · br. € 56.50*

Emilie Mayer, heute weitgehend unbekannt, war eine der bedeutendsten Komponistinnen des 19. Jahrhunderts. Ihr umfangreiches Œuvre umfasst alle musikalischen Gattungen u.a. auch acht Sinfonien und zahlreiche Kammermusikwerke. Wer war Emilie Mayer? Wann lebte sie? Was komponierte sie? Dieses Emilie-Mayer-Kompendium bündelt alle verfügbaren Materialien zu Emilie Mayers Leben, ihrem Wirken als Komponistin und zu ihren Werken. Ein Werkkatalog mit Satzanfängen in Notenbeispielen zu jedem Satz und Stück dient als Nachschlagewerk und Kurzüberblick.

Aus dem Inhalt: Leben und Wirken: Kindheit und Jugend in Friedland (Mecklenburg) · Kompositionsunterricht bei Carl Loewe in Stettin · Erste Konzerte in Berlin · Konzertreisen · Publikationen ihrer Werke · Tod, Vergessen und Wiederentdeckung · Werke: Untersuchungen zu Datierung, Form, Aufbau (nach Gattungen sortiert) · Übersichttabellen zu allen Werken · Einzelanalysen der Sinfonie h-moll und der Violoncellosonate D-Dur op. 47 · Werkkatalog: Verzeichnis aller Kompositionen, geordnet nach Gattungen · Satzanfänge aller Werke mit Notenbeispielen · Zu jeder Komposition Angaben zu: Fundort, Widmungsträger, Druck, Aufführungen, Rezensionen, Erwähnungen, Literatur, Einspielungen

Frankfurt am Main · Berlin · Bern · Bruxelles · New York · Oxford · Wien
Auslieferung: Verlag Peter Lang AG
Moosstr. 1, CH-2542 Pieterlen
Telefax 00 41 (0) 32 / 376 17 27

*inklusive der in Deutschland gültigen Mehrwertsteuer
Preisänderungen vorbehalten

Homepage http://www.peterlang.de